《交通与数据科学丛书》编委会

交通与数据科学丛书 12

考虑通信延时的货车队列
纵向控制优化

徐志刚　田　彬　张宇琴　著

科学出版社

北　京

内 容 简 介

本书全面探讨了通信延时对车辆队列稳定性的影响及其补偿策略。本书分为七章,每章针对不同的主题深入分析,涵盖了从理论概念到实际应用的各个方面。主要包括节点动力学、队列几何构型、信息流拓扑结构和分布式控制器、稳定性相关的理论和判据以及通信延迟对稳定性的影响和可能的补偿方法;通信延时对队列稳定性的具体影响,通过数值分析和仿真验证,对比不同通信延时条件下的队列稳定性表现;基于粒子群优化的控制器增益动态调整方法,通过仿真实验展示不同增益设置对车辆队列稳定性的影响;利用长短时记忆网络重构加速度信息的方法,以及长短时记忆网络在车辆队列控制中的应用,通过多种交通场景的仿真测试评估性能;基于模型预测控制的通信延时补偿方法,展示了模型预测控制和长短时记忆网络结合的先进控制策略在实际应用中的有效性;基于遗传算法的控制器平滑切换方法,通过仿真实验验证该方法在不同交通情境下的效果。最后基于实际的车辆台架测试,对比实验与仿真的结果,深入分析在正弦振荡场景下车辆队列稳定性的表现。

整体来看,本书为车辆队列控制和稳定性研究提供了理论基础和实践指导,特别适用于工程师、研究人员和学生,帮助他们理解并解决实际交通系统中的稳定性问题。

图书在版编目(CIP)数据

考虑通信延时的货车队列纵向控制优化/徐志刚, 田彬, 张宇琴著. —北京:科学出版社,2025.3

(交通与数据科学丛书)

ISBN 978-7-03-077967-0

Ⅰ.①考… Ⅱ.①徐… ②田… ③张… Ⅲ.①高速公路–交通运输管理–智能系统–研究 Ⅳ.①U495

中国国家版本馆 CIP 数据核字(2024)第 011153 号

责任编辑:王丽平 孙翠勤/责任校对:高辰雷
责任印制:赵 博/封面设计:陈 敬

科 学 出 版 社 出版

北京东黄城根北街 16 号
邮政编码:100717
http://www.sciencep.com

涿州市般润文化传播有限公司印刷

科学出版社发行 各地新华书店经销

*

2025 年 3 月第 一 版 开本:720×1000 1/16
2025 年 7 月第二次印刷 印张:10 3/4
字数:217 000

定价:98.00 元

(如有印装质量问题, 我社负责调换)

丛 书 序

交通科学在近 70 年来发展突飞猛进,不断拓展其外延并丰富其内涵;尤其是近 20 年来,智能交通、车联网、车路协同、自动驾驶等概念成为学者研究的热点问题的同时,也已成为媒体关注的热点;应用领域的专家及实践者则更加关注交通规划、土地利用、出行行为、交通控制和管理、交通政策和交通流仿真等问题的最近研究进展及对实践的潜在推动力.信息科学和大数据技术的飞速发展更以磅礴之势推动着交通科学和工程实践的发展.可以预见在不远的将来,车路协同、车联网和自动驾驶等技术的应用将根本改变人类的出行方式和对交通概念的认知.

多方式交通及支撑其运行的设施及运行管理构成了城市交通巨系统,并与时空分布极广的出行者之间形成了极其复杂的供需网络/链条.城市间的公路、航空、铁路和地铁等日益网络化、智能化,让出行日益快捷.有关城市或城市群的规划则呈现"住"从属于"行"的趋势.如此庞杂的交通系统激发了人们的想象力,使交通问题涉及面极广,吸引了来自不同学科和应用领域的学者和工程技术专家.

因此,为顺应学科发展需求,由科学出版社推出的这套《交通与数据科学丛书》将首先是"兼收并蓄"的,以反映交通科学的强交叉性及其各分支和方向的强相关性.其次,"'数''理'结合",我们推动将数据科学与传统针对交通机理性的研究有机结合.此外,该丛书更是"面向未来"的,将与日新月异的科学和技术同步发展."兼收并蓄""'数''理'结合"和"面向未来",将使该丛书顺应当代交通科学的发展趋势,促进立足于实际需求和工程应用的实际问题开展科研攻关与创新,进而持续推动交通科学研究成果的"顶天立地".

该丛书内容将首先是对交通科学理论和工程实践的经典总结,同时强调经典理论和实践与大数据和现代信息技术的结合,更期待据此提出的新理论、新模型和新方法;研究对象可为道路交通、行人流、轨道交通和水运交通等,可涵盖车车和车路联网技术、自动驾驶技术、交通视频技术、交通物联网和交通规划及管理等.书稿形式可为专著、编著、译著和专题等,中英文不限.该丛书主要面向从事交通科学研究和工程应用的学者、技术专家和在读研究生等.

该丛书编委会聚集了我国一批优秀的交通科学学者和工程应用专家,基于他们的治学态度和敬业精神,相信能够实现丛书的目标并保证书稿质量.最后,上海麓通信息科技有限公司长期以来为丛书的策划和宣传做了大量工作，在此表示由衷的感谢！

张　鹏

2019 年 3 月

前　　言

随着物流行业的快速发展，货运需求不断增加，特别是重型货车运输的规模在逐年递增。而重型货车运营成本高，货车司机短缺，事故后果严重，这些因素制约着其发展。重型货车自动驾驶队列技术是解决以上问题的有效途径。该技术可显著减少客货混行交通事故，提升高速公路通行效率，通过减少风阻降低燃油消耗和尾气排放，对环境保护和可持续发展具有积极的经济和社会效益。

目前，自适应巡航控制 (adaptive cruise control，ACC) 系统在部分车型上已初步实现商业化。其利用车载毫米波雷达感知前车的相对速度和相对距离，从而可以控制队列系统中跟驰车辆进行自动驾驶。与 ACC 相比，协同式自适应巡航控制 (cooperative adaptive cruise control，CACC) 系统除了使用毫米波雷达之外，还利用车辆间通信技术在队列车辆之间传递更加丰富的车辆动态信息，从而提升跟驰车辆对上下游车辆动态的敏感度，实现更短的车间距和更好的系统稳定性。然而，在复杂的道路交通环境中，建筑物、大型车辆和植被等会对无线通信信号进行遮挡和衍射，使得车辆间通信存在一定的延时，导致队列系统的整体性能严重衰减。

为此，本书依托国家重点研发计划项目 "高速公路智能车路协同系统集成应用" 的子课题 "高速公路智能车路协同系统技术体系及测试评估方法" (2019YFB-1600101)、国家自然科学基金面上项目 "考虑通信延时的重型货车队列纵向控制策略优化与测试" (61973045)、陕西省自然科学基金杰出青年科学基金项目 "考虑网联性能退化的货车队列优化控制与虚实结合测试理论" (2023-JC-JQ-45) 和中国博士后科学基金特别资助项目 "通信延时条件下基于控制器匹配的车辆队列MPC 优化控制策略与实车测试" (2021T140586) 的研究成果，聚焦通信延时对重型货车队列纵向控制稳定性的影响，提出了独创的 "三部曲" 研究框架和相关方法。第一，通过对车辆队列系统模型的理论分析，得到各通信延时下的控制器参数三维稳定体，从而通过数值分析的方法得到通信延时的理论边界；第二，在明晰了通信延时边界的前提下，利用优化理论相关方法对控制器参数进行动态调整。在通信延时边界之内，确保队列系统实时稳定性达到最优；第三，当通信延时超过理论边界，利用模糊逻辑和多种优化方法实现多个控制器系统状态之间的平滑过渡。在网络性能严重衰减或失效情况下，确保协同式车辆队列系统仍可以稳定运行。

　　本书由徐志刚、田彬和张宇琴共同撰写，研究生郭芳玲、乔昕儿、姚柯、贾建萍等参与了部分章节的系统建模和实验数据分析工作，他们为本书做了大量实验和测试工作，在此表示感谢。全书由徐志刚主编和统稿。此外，在本书撰写过程中参考和引用了许多国内外文献，在此对这些文献的作者表示衷心的感谢！

　　由于作者水平有限，书中难免存在需要探讨之处，敬请各位读者批评、指正。

作　者

2024 年 1 月

目　　录

第 1 章 绪　　论

1.1　引　　言

车辆队列系统是对传统车辆的感知子系统和控制子系统进行改造，利用机器视觉、雷达传感器、车-车/车-路通信技术使得后车以期望的距离和速度对前车进行跟驰[1-4]，从而形成一个车队。由于车辆之间的速度与相对距离的控制是同步进行的，因此这种车队行驶方式可以实现很高的平均车速，显著缩短车间距，从而提高道路的通行效率，降低油耗。

较早关于车辆队列系统的研究可以追溯到 1989 年，当时，美国加利福尼亚大学伯克利分校 PATH (Partners for Advanced Transportation Technology) 研究小组与福特公司共同研发了一套允许四辆汽车编队行驶的实验平台。1992 年，完成首次编队测试，并最终于 1994 年在加利福尼亚圣迭戈的 I-15 公路完成展示。随后，PATH 项目组参与 NAHSC (National Automated Highway System Consortium) 项目的研发，并于 1997 年完成了 Demo'97 测试，其主要通过在高速路面中嵌入磁条引导车辆来实现。同年 8 月，PATH 研究小组在南加州 San Diego15 号州际公路上 7.6 英里 (12.2km) 长的试验路段上进行了智能汽车队列自动驾驶演示。该演示由 8 辆小型汽车组成一个平均车间距小于 10 米的队列，车辆利用道路上的磁钉实现车道保持，展示汽车队列作为一个整体单元平稳地启动、停止、加 (减)速和分解及合并过程，并邀请了大约 1000 名试乘者[5]。

进入 21 世纪，德国亚琛工业大学研究团队在 2005 年至 2009 年期间，基于KONVOI 项目开发了一个由四辆重型卡车组成的车队，并在德国的高速公路上进行了测试，头车由一名人类司机驾驶，后面跟着三辆自动卡车，两者之间的距离为10 米。在所有卡车中，都实现了一个目标加速接口，该接口可以自动计算驱动系统和管理车辆中的不同制动器。每辆实验车辆的加速度可以自行计算，也可以通过车对车通信传输的数据推断出来。每辆实验车辆都装有能够识别车道的摄像头，从而确定每辆卡车在车道内的位置。另外还基于电动马达的转向执行机构为卡车的自动引导提供必要的转向力矩，从而实现 ACC 车队的安全行驶[6]。2008 年，日本的 Energy ITS 项目启动，重点围绕卡车队列展开研究。2010 年 3 月，Energy ITS 项目小组对三辆卡车进行编队测试，车辆基于雷达、车对车 (V2V) 通信、本地化和人机界面 (HMI) 实现以 80 千米/时的速度、10m 的车间距在 4.7 千米的测试轨道上行驶[7]。2013 年 3 月，该项目小组对异质卡车队列进行测试，并将车间距缩短至 4m[8]。英国主导的 SARTRE 项目选择了具有自适应巡航控制、碰撞避免控制和车道偏离预警的车辆，并在此基础上增加了前视摄像头、76GHz 雷达和 V2V 通信设备，使周围环境识别更加准确，并支持车辆的纵横方向决策和控制。2012 年 5 月，该项目小组在西班牙巴塞罗那的高速公路上进行了实车试验，由接受过特殊训练的驾驶员驾驶一辆卡车作为头车，跟驰车配备 CACC 系统，在 120 英里的道路上进行测试[9]。PATH 研究小组与沃尔沃合作将 CACC 应用扩展到卡车，致力于改善卡车编队行驶的经济性。2016 年至 2017 年期间，PATH 研究小组对三辆沃尔沃 VNL 440 型 class-8 卡车编队进行多次试验，试验车辆配备了摄像机及多普勒雷达，并另外安装了用于车车数据通信的 DSRC 无线电收发器、双 DSRC 天线及 5HzGPS，通过选择 ACC 或 CACC 工作模式，证明 CACC 能够大幅缩短车头时距，提高通行效率[10]。

国内关于车辆队列的研究起步较晚，但是发展迅速。2018 年 4 月，一汽解放在青岛港完成国内首次卡车智能编队驾驶演示，利用 V2V 通信、视觉与雷达检测，实现编队自动驾驶、申请编队和离开编队[11]。同年 12 月百度在国家智能网联汽车 (长沙) 测试区实现了国内首例 L3 及 L4 级别的多车型高速场景无人车队演示[12]。2019 年 4 月，长安大学在滨莱高速上进行多种车型混合车队协同自动驾驶的实车路演，基于对各车运行状态的实时精确感知与 V2V 信息共享，实现对车辆的横向、纵向进行实时协同控制。5 月，东风商用车、北汽福田、中国重汽三家车企在天津西青区进行了全国首次大规模商用车队列行驶标准公开验证试验。在技术方案上，欧曼超级重卡队列感知系统采用激光雷达、毫米波雷达、超声波雷达等传感器与 Mobileye、单目相机等视觉单元融合的方案，确保整车 360° 无死角覆盖，通过车载交换机以及外部天线，实现车车之间通信 (V2V)。在高速行驶过程中，车内系统实时显示车辆信息状态，完成 180° 自动转弯、自动提速、自动减速、跟—停—走等指令，尤其是车路协同系统，实现车辆与实际道路实时数据同步[13]。同年 12 月，包括图森未来、首发集团、四维图新在内的多家汽车企业，在高速公路全封闭环境下，完成了基于 C-V2X 协同技术的自动驾驶编队示范。图森未来使用人工驾驶车辆作为头车，实现 3 辆卡车以最高 70 千米/时的速度、10m 的车间距离进行队列行驶，整体燃油经济性提高 10% 以上[14]。

此外，政府也在积极推进车辆编队标准的研究。工信部在 2018 年 12 月发布的《智能网联汽车产业发展行动计划》中要求按照不同路况的行驶策略指引、高速公路货车编队行驶等应用，提高交通效率。2021 年 2 月的《国家车联网产业标准体系建设指南 (智能交通)》运输组织标准体系中也包括了车辆编队行驶、营运车辆运输组织类标准。北京、重庆、广州等省市在自动驾驶道路测试规范中相继列入了车辆队列 (编队) 行驶的规范要求。

然而，在大规模商用之前，寻求满足车辆编队低延时、高传输速率、高可靠性需求的通信技术仍是一项挑战。因此，研究补偿通信延时方法十分必要。针对不可避免的通信延时，不少学者提出一系列补偿策略，来缓解其负面影响。目前，关于车辆队列研究的综述已经很多。Dey 等对比了支持 CACC 队列中车辆之间通信需求的不同路由协议，回顾了驾驶员特征的相关问题，如在 CACC 系统中如何让驾驶员参与到驾驶任务中来，讨论了如何进行控件设计以获得大众的认可[15]。Wang 等从 CACC 架构、控制方法及应用三个层面进行了综述，并针对未来工作需要解决的问题给出了方向[16]。Feng 等对车辆队列各种串稳定性指标做了详尽的对比，讨论了不同分析方法的优缺点，为之后车辆队列的串稳定性能分析提供了思路[17]。长安大学的徐志刚教授则从宏观层面回顾了智慧公路的概念演化及技术发展，基于车辆队列控制等 8 项关键技术的自身发展特点，提出了未来智能公路技术应用和推广的建议措施[18]。然而，在通信延时补偿策略方面，尚缺乏针对性的研究综述。

本书旨在从车辆队列系统模型四元素的角度梳理车辆队列的基本概念，对比分析各元素内部不同方法的优缺点，总结概括各元素之间的相互联动。同时，从 5 个维度回顾对比各种补偿策略：① 优化通信网络结构；② 重构加速度信息；③ 整定控制器增益；④ 构建多分支选择结构；⑤ 改进控制器，并对存在通信延时的车辆队列的进一步发展进行了展望和思考。

1.2 车辆队列相关概念

目前，对于车辆队列系统的描述主要从四个方面进行[19]：① 节点动力学；② 队列的几何构型；③ 信息流拓扑结构；④ 分布式控制器，各部分在队列系统中发挥的作用如图 1.1 所示。具体而言，节点动力学是指队列中单个车辆的动力学行

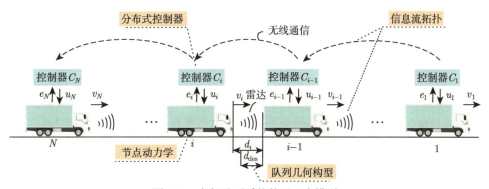

图 1.1 车辆队列系统的四元素模型

为，它描述的是车辆控制节气门开度或执行制动等操作以达到控制器下发的期望
加速度的过程；队列的几何构型则描述的是队列中车辆维持一个距前车期望的距
离使队列保持期望的几何构型；信息流拓扑结构指的是队列中车辆间进行信息交
互的方式；分布式控制器则是基于队列中其他车辆的信息，实现协调队列全局所
采用的队列控制器。

1.2.1 节点动力学

根据模型形式，车辆动力学可以被分为非线性模型和线性模型两大类。

Swaroop 等考虑风阻二次项对车辆节点动力学进行建模，基于滑模控制分析
了非线性系统稳定的充分条件[20]。Kwon 等在此基础上引入了另一个累加项 δ_i 对
节点动力学进行建模，旨在以此时变函数反映动力学中存在的不确定因素，如乘
客质量、阵风等[21]。虽然，非线性模型能够较为客观地反映实际的车辆动力学，然
而，由于其难以解析地分析特定几何构型和信息流拓扑结构下的性能表现，许多
研究将车辆节点动力学模型简化为线性模型进行分析[22]。

常见的线性模型包括：单积分器模型、双积分器模型、三阶模型及单输入单
输出模型。单积分器模型相对来说较为简单，它的控制输入直接受车辆速度影响。
Liu 等基于单积分器模型，将最优控制器设计问题转化为凸优化问题，进而有效地
计算全局最优控制器[23]。然而，由于该模型与实际车辆动力学模型存在很大的误差，
许多研究将车辆的加速度作为控制输入，得到双积分器模型。Barooah 等基于双积
分器模型假设，设计方法对抗车辆数量增加时闭环稳定性逐渐损失的情况[24]。随后，
Hao 等基于该模型研究了非均匀性和不对称性对闭环稳定裕度的影响[25]。双积分
器模型的缺陷在于难以描述动力系统中的延时因素，三阶模型引入 τ 描述纵向动
力学中的延时，这意味着车辆的实际加速度以延时 τ 跟踪期望加速度[26]。目前，
许多研究都基于三阶模型假设，例如：通信延时补偿方法研究[27−29]，不同延时下
控制器参数范围分析[30−32]，以及保证队列串稳定的最小车头时距分析[33] 等。与前
面四种模型不同的是，单输入单输出模型是从频域的角度进行建模。该模型也被许多
研究广泛采用，Seiler 等基于该模型对车辆队列中的扰动传播进行研究 [34]；Lestas
等证明了任意弱耦合使车辆队列控制的双向对称方案可扩展，即对扰动的响应与
队列的大小一致有界[35]；Shaw 等分析了异质车队的串稳定性[36]。表 1.1 展示了
上述 5 种节点动力学常用的表达式。

此外，节点动力学建模通常基于两种假设：同质 (homogeneous) 队列与异质
(heterogeneous) 队列。同质队列是指队列中所有车辆具有相同的动力学特性，否
则，为异质队列。同质队列假设能够降低理论分析难度[27,29,37,38]，异质队列假设
则更符合真实道路情况[30,39,40]。

表 1.1 节点动力学模型

节点动力学模型	表达式
非线性模型[20]	$\ddot{x}_i = \dfrac{u_i - c_i \dot{x}_i^2 - F_i}{M_i}$
单积分器模型[23]	$\dot{x}_i = u_i + d_i$
双积分器模型[23]	$\ddot{x}_i = u_i + d_i$
三阶模型[26]	$\tau_i \dot{a}_i(t) + a_i(t) = u_i(t)$
单输入单输出模型[34]	$X_i(s) = H(s)(U_i(s) + D_i(s)) + \dfrac{x_i(0)}{s}$

1.2.2 队列几何构型

队列的几何构型也就是许多文献中提到的 "间距策略"。常见的间距策略包括：恒间距策略 (constant distance，CD)、恒时距策略 (constant time headway，CTH) 和变时距策略 (variable time headway，VTH)。

恒间距策略是指相邻车辆间总保持固定间距，该值与车辆的速度与加速度无关，其表达式如式 (1.1) 所示：

$$d = c \tag{1.1}$$

其中，d 表示相邻两辆车的期望间距，c 为常数。其优点在于一定程度上能够实现较高的道路通行效率，但在某些信息流拓扑结构下无法保证队列的串稳定，这一点将在 2.3 小节详细介绍。

恒时距策略是指本车车头到前车车头处所需时间为固定值，此时，期望车间距是本车速度的函数，其表达式如式 (1.2) 所示：

$$d = t_h \times v_i + d_0 \tag{1.2}$$

其中，t_h 为车头时距，v_i 为本车速度，d_0 为两车停止时的最小安全距离。Ploeg 等通过 6 辆车组成的车队测试发现 0.7s 的车头时距可以保证 CACC 系统的串稳定性[33]。该策略更符合驾驶员的特性，但对道路通行效率有所限制。

变时距策略是指车头时距不再固定，而是随着车辆状态进行变化。Yanakiev 等认为本车速度小于前车速度时，可以通过适当减小车头时距以保证道路通行量；而本车速度大于前车速度时，可以增大车头时距以保证道路安全，故其将车头时距视为前车与本车速度差的函数[41]：

$$t_h = t_0 - c_v(v_{i-1} - v_i) \tag{1.3}$$

其中，t_0, c_v 为正实数，v_{i-1} 为第 $i-1$ 辆车的速度，v_i 为第 i 辆车的速度。罗莉华等认为对于两车相对速度一定的情况，前车减速应该比前车加速需要更大的车头时距，而不是相等，故其在此基础上又引入了前车加速度[42]：

$$t_h = t_0 - c_v(v_{i-1} - v_i) - c_a a_{i-1} \tag{1.4}$$

其中，c_a 为正实数，a_{i-1} 为第 $i-1$ 辆车的加速度。研究表明这种变时距策略可以有效改善驾驶舒适性同时节约能耗[43]。目前，该策略被许多研究进一步发展[44−46]。

此外，Wang 和 Rajamani 等则基于宏观交通流理论提出一种间距策略[47]，该策略认为车头时距与交通拥堵密度、自由流速度有关，其表达式如式 (1.5) 所示：

$$t_h = \frac{1}{\rho_{\mathrm{jam}}(v_{\mathrm{free}} - v_i)} \tag{1.5}$$

其中，ρ_{jam} 为拥堵密度，v_{free} 为自由流速度，v_i 为本车速度。这种策略保证了交通流在所有边界条件下的稳定性，是一种无条件稳定的间隔策略。Chen 等将上述三种变时距进行结合[44]，得到

$$t_h = c_k \times \frac{1}{\rho_{\mathrm{jam}}(v_{\mathrm{free}} - v_i)} - c_v(v_{i-1} - v_i) - c_a \times a_{i-1} \tag{1.6}$$

其中，c_k，c_v 和 c_a 分别为三项的权重系数。实验结果表明，该策略与恒时距策略和变时距策略 (1.3) 相比能够提高道路通行量。

1.2.3　信息流拓扑结构

早期队列中的车辆主要依赖雷达获取相邻车辆的信息，主要采用前车跟随式 (predecessor following，PF) 和双向跟随式 (bidirectional，BD)。随着车车通信技术 (如 DSRC、VANET 和 LTE-V) 的发展，使得车辆信息能够在队列中的所有车辆间进行广播，在前两种拓扑结构的基础上又衍生出前车-头车跟随式 (predecessor leader following，PLF)、双向-头车跟随式 (bidirectional-leader，BDL)、双前车跟随式 (two-predecessor following，TPF) 及双前车-头车跟随式 (two-predecessor-leader following，TPLF) 等拓扑网络。图 1.2 展示了几种典型的信息流拓扑结构。

Swaroop 指出在仅基于车载雷达检测前车信息的拓扑结构下恒间距策略只能保证较高频率范围内扰动沿队列上游方向衰减。然而，在队列应用中低频才是主要被关注的部分[48]。若在此基础上利用车车通信技术得到前车的加速度信息，则在恒间距策略下可以实现队列的弱串稳定。具体而言，在控制器中前车加速度权重为 1 的情况下，传递函数恒等于 1，此时，弱串稳定可以得到保证；其他情况下，传递函数的绝对值均大于 1，队列不稳定。但对于存在信息处理或执行器延时的队列，这种拓扑结构仍是不适合的。若使用双前车跟随式拓扑结构则可以得到相似的结论。对于前车-头车跟随式信息流拓扑结构，恒间距策略即使在存在较小的执行器延时的情况下也可以使队列保证串稳定。Xiao 等基于双前车-头车拓扑结构通过推导也得出了类似的结论[49]。Eyre 等将队列视为质量-弹簧-阻尼系统推导了在仅基于车载雷达的双向跟随式拓扑结构和恒间距控制策略假设下的队列

稳定性, 结果表明在一定的参数范围内可以保证队列串稳定[50]。Xiao 等基于能够获取加速度信息的双向跟随式拓扑结构和恒间距策略假设, 推导了保证队列串稳定的控制器增益范围[49]。Zheng 等推导出在双向-头车跟随式拓扑结构下通过一定的参数配置可以保证队列的串稳定性, 同时可以显著提高队列的可扩展性[51]。

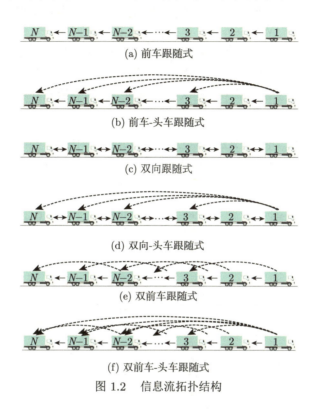

(a) 前车跟随式

(b) 前车-头车跟随式

(c) 双向跟随式

(d) 双向-头车跟随式

(e) 双前车跟随式

(f) 双前车-头车跟随式

图 1.2　信息流拓扑结构

　　对于恒时距策略, Eyre 等基于质量-弹簧-阻尼系统得出, 在仅利用车载雷达获取前车位置和速度的拓扑结构下可以实现串稳定性。该结论对于仅基于车载雷达的双向跟随式信息流拓扑结构同样成立[50]。Bian 等推导了多前车跟随式拓扑结构 (包括单前车跟随式拓扑结构和双前车跟随式拓扑结构) 下保证队列串稳定的充分条件, 并证明了增加拓扑结构中前车的数量可以减小车头时距, 提高道路通行效率 [52]。Yu 等对比了能够获取加速度信息的双向跟随式拓扑结构下恒间距策略和恒时距策略的性能表现, 结果表明采用恒时距策略的队列具有更小的跟踪误差和更优的串稳定性能, 而采用恒间距策略的队列可以使相邻车辆保持较小的间距[53]。Chehardoli 等采用恒时距策略证明了双向-头车跟随式拓扑结构下队列的闭环动力学是渐近稳定的, 并进一步推导了保证串稳定的控制器参数范围[54]。Long 等采用恒时距策略对比了前车跟随式、前车-头车跟随式和头车跟随式三种拓扑结构假设下队列的跟驰及串稳定性能，结果表明头车-前车跟随式拓扑结构表现最优，前车跟随式拓扑结构表现最差，进一步证明了头车信息的重要性[55]。Dai 等采用恒时距策略推导了 6 种典型的信息流拓扑结构 (PF+、PLF、TPF、BD+、BDL、TPLF) 假设下队列稳定的控制器参数区域，结果表明车辆获得的信息越多，系统的稳定区域越大。此外，作者还以 NGSIM 数据集中真实车辆为头车，对不同信息流拓扑下队列的安全性进行了评估，结果表明双向信息流拓扑结构相对于其他拓扑结构对降低追尾事故具有不利影响，前车-头车跟随式拓扑结构能够降低碰撞事故风险。对于保证队列稳定性和安全性，作者建议双前车-头车跟随式拓扑结构为首选[56]。表 1.2 展示了不同队列几何构型及信息流拓扑结构对应的队列稳定性。

表 1.2　 不同队列几何构型及信息流拓扑结构对应的队列稳定性

队列几何构型	文献	信息流拓扑结构	同质/异质	串稳定性	节点动力学
CD	[48]	PF	HO	×	非线性
	[48]	PF+	HO	△	非线性
	[48]	TPF	HO	△	非线性
	[48]	PLF	HO	√	非线性
	[49]	TPLF	HO	√	3 阶
	[50]	BD	HO	√	2 阶
	[49]	BD+	HO	√	3 阶
	[51]	BDL	HO	√	3 阶
CTH	[50]	PF	HO	√	2 阶
	[52]	PF+	HO	√	3 阶
	[52]	TPF	HO	√	3 阶
	[55]	PLF	HO	√	非线性
	[56]	TPLF	HO	√	3 阶
	[50]	BD	HO	√	2 阶
	[53]	BD+	HO	√	3 阶
	[54]	BDL	HE	√	2 阶

注: "√" 表示稳定；"△" 表示弱稳定；"×" 表示不稳定。

1.2.4　 分布式控制器

常见的分布式控制器主要包括: 线性控制、最优控制、滑模控制 (sliding-mode control，SMC)、模型预测控制 (model predictive control，MPC) 和 H_∞ 控制。

线性控制模型往往取决于信息流拓扑结构。信息流拓扑结构不同，队列中车辆间交互的信息不同，线性控制器模型的输入不同。Sheikholeslam 等基于前车-头车信息流拓扑结构假设针对车辆纵向控制提出了一种线性控制器，该控制器考虑本车与前车的间距误差、速度误差、加速度误差及本车与头车的速度误差、加速度误差，通过选择适当的控制器参数实现队列的串稳定性[57]。VanderWerf 等基于前车信息流拓扑结构假设，认为车辆的期望加速度取决于本车加速度及本车与前车的速度误差与间距误差[58]，Ploeg 等认为该期望加速度还与前车的期望加速度有关[33]。Ghasemi 等基于双向跟随式信息流拓扑结构假设提出一种以本车与其前后车的相对间距和相对速度作为输入的控制器[59]。此外，还有大量研究针对不同的信息流拓扑结构，设计出许多不同的线性控制器[60-62]。与前面所述不同的是，一些学者从频域的角度表达车辆跟驰控制律[35,36]。表 1.3 综合了各种信息流拓扑结构对应的线性控制器模型。

表 1.3　不同信息流拓扑对应的线性控制器模型

文献	信息流拓扑结构	控制器模型
[48]	PF	$u_i = k_v\,[\dot{x}_{i-1} - \dot{x}_i] + k_s[r(t) - r_d(t)]$
[58]	PF$^+$	$u_i = k_a \ddot{x}_{i-1}(t) + k_v\,[\dot{x}_{i-1} - \dot{x}_i] + k_s[r(t) - r_d(t)]$
[33]	PF$^+$	$\dot{u}_i = -\dfrac{1}{h}u_i + \dfrac{1}{h}[k_s\,(x_{i-1}(t) - x_i(t) - L_i - hv_i(t) - D_i)$ $\quad + k_v\,(v_{i-1}(t) - v_i(t) - ha_i(t)) + k_a\,(a_{i-1}(t) - a_i(t) - h\dot{a}_i(t))] + \dfrac{1}{h}u_{i-1}$
[52]	TPF	$u_i(t) = -\displaystyle\sum_{j=i-1}^{i-r} [k_s\,(\tilde{x}_i - \tilde{x}_j) + k_v\,(\tilde{v}_i - \tilde{v}_j) + k_a\,(\tilde{a}_i - \tilde{a}_j)],\, r = 2$ 其中：$\tilde{x}_i = x_i + \displaystyle\sum_{k=1}^{i}(hv_k + d_k) - x_0$ $\tilde{v}_i = v_i - v_0$ $\tilde{a}_i = a_i - a_0$
[57]	PLF	$u_i = c_{pi}\,[x_{i-1}(t) - x_i(t) - L] + c_{vi}\,[\dot{x}_{i-1}(t) - \dot{x}_i(t)]$ $\quad + c_{ai}\,[\ddot{x}_{i-1}(t) - \ddot{x}_i(t)] + k_{vi}\,[v_l(t) - v_i(t)] + k_{ai}\,[a_l(t) - a_i(t)]$
[49]	TPLF	$u_i(t) = k_v \dot{\delta}_{im}(t) + k_s \delta_{im}(t) + k_v' \dot{\delta}_{0i}(t) + k_s' \delta_{0i}(t),\, m = 2$ 其中：$\delta_{im}(t) = \displaystyle\sum_{r=1}^{m}\delta_{ri}(t) = \sum_{r=1}^{m}[x_{i-r}(t) - x_i(t) - rL - rD]$ $\dot{\delta}_{im}(t) = \displaystyle\sum_{r=1}^{m}[v_{i-r}(t) - v_i(t)]$ $\delta_{0i}(t) = x_0(t) - x_i(t) - iL - iD$ $\dot{\delta}_{0i}(t) = v_0(t) - v_i(t)$
[59]	BD	$u_i = -k_s^f\,(x_i - x_{i-1} + D_{i-1,i} + L_{i-1}) - k_v^f\,(\dot{x}_i - \dot{x}_{i-1})$ $\quad - k_s^b\,(x_i - x_{i+1} - D_{i,i+1} - L_i) - k_v^b\,(\dot{x}_i - \dot{x}_{i+1})$
[49]	BD$^+$	$u_i(t) = k_v\,[v_{i-1}(t) - 2v_i(t) + v_{i+1}(t)] + k_s\,[x_{i-1}(t) - 2x_i(t) + x_{i+1}(t)]$ $\quad + k_a \dot{v}_i(t)$
[54]	BDL	$u_i(t) = k_s\,(x_{i-1} - x_i - L_{i-1} - hv_0 - D) - k_s\,(x_i - x_{i+1} - L_i - hv_0 - D)$ $\quad + k_v\,(v_0 - v_i)$
[35, 36]	BDL	$U_i(s) = K_p(s)(E_i(s) - E_{i+1}(s)) + K_l(s)\left(X_0(s) - X_i(s) - \dfrac{i\delta}{s}\right)$ 其中，$E_i(s) = X_{i-1}(s) - X_i(s) - \dfrac{\delta}{s}$

上述线性控制器增益的选择大多数基于试错法，然而，这样得到的控制器在控

制性能上可能不是最优的。为此,不少学者提出通过最优控制求解最优增益[63−65]。Ge 等定义了一个目标函数来定量描述控制器的燃油经济性、安全性和道路通行效率,将控制器设计问题转化为一个最小化问题,利用线性二次调节器 (linear quadratic regulator, LQR) 获得最优控制器设计[66]。Zhu 等提出一种无模型自适应最优控制,旨在应对实践中车辆动力学未知或不确定的情况,该方法基于在线数据学习控制器最优反馈[67]。

另一些学者基于滑模控制对不确定性扰动不敏感、鲁棒性强等优点,采用滑模控制器保证队列的串稳定性能[20,68,69]。西南交通大学的任殿波等针对具有延时的车辆队列系统,基于滑模控制策略确定了车辆队列系统纵向控制律,并根据稳定性准则设计了控制参数[70,71]。Gao 等针对动态拓扑结构,提出一种分布式自适应滑模控制方法,该方法允许不同类型的拓扑结构相互切换[72]。

然而,这些控制器都无法显式地处理队列串稳定性[22]。为此,Ploeg 等提出了一种 H∞ 控制器综合设计方法,允许在控制器中明确包含串稳定性约束[73]。随后,Zhu 等将存在通信延时的 CACC 问题建模为延时系统的 H∞ 控制问题,引入 Lyapunov-Krasovskii 函数并基于 LMI 方法寻找延时 CACC 系统的参数以确保串稳定性能[74]。

此外,模型预测控制也可以将个体稳定和串稳定表述为明确的约束条件,通过在每个阶段求解所制定的优化问题,保证实现控制目标。Wang 等基于模型预测控制框架,提出了一种提高具有传感器延时和执行器滞后的自动驾驶汽车串稳定性的控制策略,仿真实验表明该策略在提高自动驾驶车辆队列稳定性方面显示出明显的好处[75]。长安大学的田彬等将模型预测控制与长短期记忆 (long short-term memory, LSTM) 相结合对通信延时进行补偿,该方法将跟驰车辆的传感器信息输入 LSTM 网络来预测其前车的运动状态,从而缓解短暂通信延时对队列稳定性的影响,实验结果表明,该方法能容忍的通信延时上界可达 1.5s,比现有方法提升了 0.8s[76]。

1.3 稳定性相关概念及判据

车辆队列旨在确保队列中所有车辆以一致的速度及期望的间距跟驰前车,以达到提高道路通行量、减少交通事故、降低油耗的目的。队列的稳定性是所有控制目标的基础。队列的稳定性可以分为三个层面:单车稳定、串稳定和交通流稳定。

单车稳定描述的是队列中任何车辆在有限的间距和速度误差下跟踪其前车任意有界加速度和速度的能力[48]。为了确保单车稳定,要求闭环传递函数的极点位于复平面的左半平面,劳斯–赫尔维茨稳定性判据 (Routh–Hurwitz stability criterion) 常被用来解决这一问题[77,78]。

串稳定被定义为下游车辆引入的干扰沿队列上游方向衰减[79]。车辆队列的串稳定问题从 20 世纪 70 年代已经开始被研究[80]，稳定的车辆队列可防止速度和车间距沿队列上游放大，这将有利于道路安全与节能，尤其是针对重型货车[81]。目前，串稳定性的分析方法主要包括 s 域分析法、z 域分析法和时域分析法三大类[17]。

1974 年，Peppard 基于前车跟随式信息流拓扑结构，提出 s 域串稳定的必要条件[82]，即

$$\|G_{i-1,i}(j\omega)\|_{H_\infty} \leqslant 1, \quad \forall \omega \tag{1.7}$$

随后，该条件被广泛用于队列串稳定研究[27,74,77,78]，同时，又衍生出其他的 s 域串稳定条件。Naus 等给出头车与第 i 辆车之间的传递函数，认为队列串稳定时，该传递函数的最大幅值对所有角频率都满足小于 1，即

$$\|G_{0,i}(j\omega)\|_{H_\infty} \leqslant 1, \quad \forall \omega \tag{1.8}$$

由于式 (1.7) 成立时，式 (1.8) 自动成立，故将式 (1.7) 视为强串稳定条件，将式 (1.8) 视为弱串稳定条件[83]。虽然 s 域分析法便于理论分析，但也有其局限性。首先，这些方法均基于系统的传递函数进行分析，这就要求队列系统为线性；其次，在拉普拉斯变换中均基于零初始条件假设，对于其他情况还需要进一步分析；最后，这些方法仅能确保扰动能量沿队列上游方向的衰减，但并不能保证幅值的衰减[17]。

z 域分析方法被提出用于无限长线性队列[84]。该方法是通过双边 z 变换基于车辆索引 (而不是基于时间) 将问题转换为 z 域。队列的稳定性可以通过状态矩阵的特征值来评估。这种方法虽然有效，但只适用于线性的、无限长的队列。

时域分析法主要包括李雅普诺夫方法和特征值分析法。李雅普诺夫方法常被用来分析非线性系统的串稳定性，而且对于信息流拓扑结构没有具体要求，使用该方法的关键在于构建李雅普诺夫函数，通过分析其收敛情况，判断系统的稳定性[85]。然而，其缺点在于在某些情况下构造李雅普诺夫函数比较困难。特征值分析法常被用于分析线性系统在时域上的稳定性，引入代数图论表示闭环系统动力学，当闭环系统的所有特征值位于复平面的左半平面时，系统渐近稳定。然而，对于一般的信息流拓扑结构，由于闭环矩阵没有特定的结构，随着队列规模的增加，特征值分析变得十分困难。为此，Ghasemi 等使用偏微分方程评估双向跟随式拓扑结构下系统的可延展性[59]。但是，该偏微分方程法仅适用于双向跟随式拓扑结构的系统。

交通流稳定是指交通流密度和平均速度对于交通流密度微小变化的响应[86]。它常用于描述交通流密度扰动引入点 (如匝道的入口或出口) 的上游路段。当交通流量 Q 与交通流密度 ρ 成正比例关系时，交通流是稳定的；反之，则不稳定[68,87]。

1.4   通信延时对车辆队列稳定性的影响

影响队列串稳定性的因素主要包括车辆动力学、车辆间距策略、信息流拓扑以及车辆间传感和通信的质量。特别是，车车 (vehicle-to-vehicle，V2V) 通信中固有的通信延时会严重影响队列的串稳定性。这是因为 CACC 功能在很大程度上依赖于通过无线通信传输的车辆信息，例如位置、速度、实际和期望的加速度。Liu 等基于前车-头车信息流拓扑结构假设，检验了纵向控制器对通信延时的鲁棒性，结果表明，当控制器接受前车或头车信息时，通信延时的出现会严重影响队列的稳定性[88]。

一方面，通信延时将导致保证队列稳定的控制器增益区域缩小，从而降低队列稳定的鲁棒性。Zhou 等研究了不同通信延时边界对队列稳定区域的影响，结果表明下界影响很小，上界的影响则比较大。这是因为如果通信延时比较大，来自目标车辆的信息将变得不可靠甚至不可用，因此通信延时上界对于控制器增益的选择至关重要[31]。Tian 等研究了通信延时对控制器增益取值范围的影响，并进行了一系列仿真实验。首先，定义了一个三维的串稳定区域，即前车加速度权重、本车与前车的速度误差权重、本车与前车的实际间距与期望间距误差权重，该区域的任意点满足式 (1.7)；然后，对 [0,3] rad/s 内各角频率对应的稳定区域执行 "与" 操作，得到一个能够满足 [0,3] rad/s 内所有角频率的三维稳定体；最后，通过不断增大通信延时，观察该三维稳定体的变化。实验结果表明，随着通信延时增大，该三维稳定区域逐渐减小，且前车的加速度权重越大，对无线通信网络的要求越高[32]。Zhang 等则研究了异构连接结构和通信延时对队列稳定性影响，同样将稳定性可视化使得能够评估队列稳定性对信息延时的鲁棒性，实验结果与 [32] 相似，即随着通信延时增大，保证队列稳定的控制器增益区域逐渐缩小[89]。

另一方面，通信延时将导致保证队列稳定的最小车头时距增大，从而降低道路通行效率。Abolfazli 等基于多前车信息流拓扑结构研究了存在通信延时情况下保证队列稳定的最小车头时距，结果表明随着网联的前车数量增加，车头时距下界变小，而随着通信延时增大，车头时距下界将会增大，实验结果如图 1.3 所示[90]。Xiao 等推导了最小车头时距与延时的关系，结果发现二者呈正比例关系[91]。

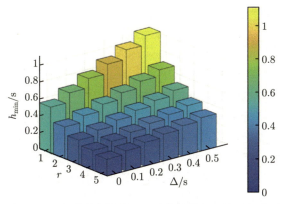

图 1.3　不同延时 (Δ) 及网联前车数量 (r) 对应的最小可接受车头时距 ($h_{\min}$)[90]

1.5　通信延时补偿策略

补偿 CACC 中通信延时的方法，目前已被许多学者研究。这些方法大致可以分为五类 (如图 1.4 所示)：① 优化通信网络结构；② 重构加速度信息；③ 整定

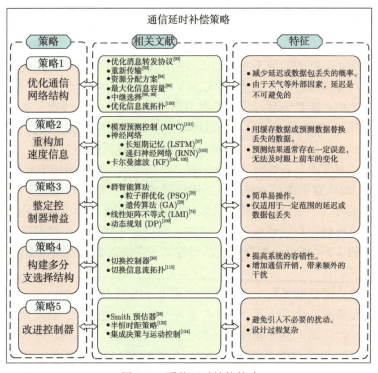

图 1.4　通信延时补偿策略

控制器增益；④ 构建多分支选择结构；⑤ 改进控制器。

1.5.1 优化通信网络结构

优化车间通信网络结构旨在从根本上减小车车通信中延时或丢包情况发生的概率，得到一种鲁棒性较好的通信网络。

为此，Ros 等将标识符附加到循环广播信标中来确定是否需要重传消息，提出了一种基于连通支配集的带有确认的广播算法，他们为从静态到动态的各种场景开发了确认广播策略，以此提高消息传输效率和可靠性[92]。然而，重传不可避免地会引入延时，一些研究试图通过改进消息转发协议来改善通信网络。Zhu 等具体研究了车辆网络中的消息转发协议，通过捕获上海和深圳一万多辆公共车辆 (出租车和公交车) GPS 跟踪数据的交互时间特征，提出了一种基于高阶马尔可夫链的车辆之间调度数据包转发方法，设计了一种贪婪转发协议来进行路由决策，结果表明该方法实现了更低的传递延时和更高的传递成功率[93]。为了进一步解决同时有多个广播任务时，协议开销增大的问题。Hazarika 等[94] 提出了一种车联网中优先级敏感的任务卸载和资源分配方案，车辆定期交换信标消息以查询可用服务和其他重要信息以做出卸载决策。在该方法中，通过激励车辆与任务车辆共享空闲的计算资源，设计了一种基于软 actor-critic 的深度强化学习算法，根据任务的优先级和计算规模对任务进行分类，以实现缓解协议开销和减少网络负载的目的。

然而，网联车辆数量的不断增加以及可用通信资源的有限性，使得车联网中的任务调度具有挑战性。为了提高车联网的通信效率和可靠性，Xia 等[95] 以最大化车辆网络的信息容量为目标，将聚类与强化学习相结合，提出了基于强化学习 (CCSRL) 算法的聚类协同调度，通过提高通信效率和可靠性来最大化信息容量。他们基于稳定性的簇数据调度，以确保车辆网络中数据的高效传输；该调度算法在数据包投递率方面具有优秀的性能表现。然而，该方案采用集中式网络调度器，虽然提高了 V2V 通信的可靠性，但其操作通常仅限于蜂窝网络完全覆盖的区域。Sahin 等[96] 提出了 VRLS (车辆强化学习调度器)，这是一种可适应环境变化的调度策略，通过在模拟车辆环境中进行训练，可以在车辆离开蜂窝网络覆盖之前主动为覆盖外的 V2V 通信分配资源，从而提高了在缺乏蜂窝网络覆盖道路上 V2V 通信的可靠性。

此外，协作通信技术利用无线网络中多个中继节点之间的协作，实现路径传输共享，从而提高系统吞吐量。通过在车对车 (V2V) 链路中，利用具有良好车辆到基础设施 (V2I) 链路的车辆作为协作中继节点，帮助将信息转发给链路较差的车辆，以提高通信链路的可靠性。Xiong 等[97] 研究了中继辅助的高移动性车载网络中的链路调度问题，利用移动服务描述车载网络的移动链路容量，提出了一种基于移动服务量的链路调度 (MSA-LS) 算法，为高速车载网络提供移动服务。Wang 等[98] 以 D2D 对为智能体，提出了一种基于 Q 学习的中继选择方案，并基于位置限制中继数量，降低了计算复杂度。但是，这种基于增强学习的中继选择方案，需要不断地与环境进行交互、试错，才能搜寻出最佳策略，是一种较为耗费时间的学习，且基于 Q 学习的中继选择方案使用 Q 表来存储 Q 值，存储容量有限，无法覆盖完整的状态空间。Su 等[99] 将无线传感器网络中协作通信的中继选择过程建模为马尔可夫决策过程，并提出了基于深度强化学习的中继选择方案 DQ-RSS。DQ-RSS 根据中断概率和互信息训练深度 Q 网络 (deep-Q-network, DQN)，从多个中继节点中选择最优中继，不需要网络模型或先验数据，见图 1.5。该方案基于监督学习的神经网络，具有感知获取能力，能够解决 Q 表不能覆盖整个状态空间的缺陷。

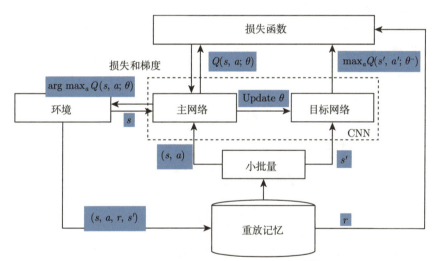

图 1.5 基于 DQN 的中继选择架构[99]

与上述研究不同，Wang 等则是从较为宏观的角度将车辆间消息是否发送成功表示为二进制的 0-1 向量，构建信息流拓扑结构优化模型，该模型为拓扑结构退化的概率与控制性能 (即稳定性和舒适性) 的乘积，通过最小化该乘积动态地确定最优信息流拓扑结构，其优化流程如图 1.6 所示，该模型在实现减少信息流拓扑结构退化的同时，保证控制器的性能最优[100]。该研究从不同的角度来解决通信故障问题，然而，实际道路中不能简单地建模为二进制向量，因为通信延时、网络攻击等可能会带来错误信息或者虚假信息。

虽然优化通信网络结构的方法可以提高队列的鲁棒性，但由于天气等一些外在因素的存在使得通信延时仍是不可避免的。

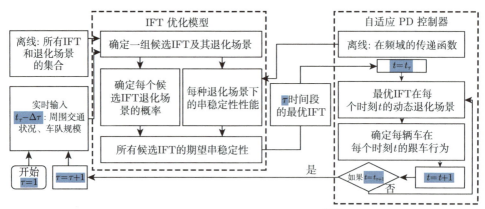

图 1.6   CACC 优化拓扑结构流程[100]

1.5.2   重构加速度信息

一些研究则针对不可避免的通信延时尝试重构加速度信息，即用缓存数据或预测数据替代通信延时导致缺失的数据，保证队列的安全、稳定行驶，其框架如图 1.7 所示。

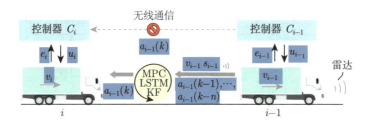

图 1.7   重构加速度信息示意图

Nunen 等提出通过 V2V 通信共享基于 MPC 得到的加速度，这些预测的加速度信息存储在跟驰车的缓冲区中，当发生通信丢失时，跟驰车利用此保存的信息作为 CACC 控制器中的前馈信号，实验结果表明带缓冲区的 MPC 设计所得到的最小间距误差比不带缓冲区的 MPC 设计小 0.65m[101]。该方法的缺点在于只有当通信延时在 MPC 控制器的预测时域内 (通常为 1s) 才有效，且缓存数据占据较大的存储空间，不利于应用在路况复杂的真实道路中。

为了避免缓存数据，Wang 等提出本车与前车 $i-1$ 通信失效时，使用车辆 $i-2$ 的信息进行补偿，并分析了 CACC 控制器的参数范围，以保持弦的稳定性。仿真结果表明，该措施可以通过调整控制器参数和增大车辆间距来保持 CACC 队列的串稳定性，防止事故发生[102]。该方法虽然无需缓存前车的加速度数据，然而，真实道路环境中通信延时的发生多由于高楼、林荫道、隧道等引起的多径效应，本车与前车通信中断时，也难以与 $i-2$ 车进行通信。

Tian 等则提出在 CACC 控制器设计中加入长短期记忆 (long short-term memory，LSTM) 神经网络，通过车载雷达传感器数据预测前车加速度，在存在通信延时的情况下，利用该预测加速度代替前车的实际加速度，以此来补偿通信延时的影响。仿真实验结果表明，当通信延时达到 0.115s 以上时，仍然能够补偿通信延时维持队列的串稳定性能[27]。Sedghi 等随后进行了类似的研究[103]。该方法虽然能够有效补偿通信延时，但 LSTM 是一种计算密集型模型，处理速度较慢，因此其实时性可能难以保证。

Ploeg 等基于卡尔曼滤波器提出一种用于 CACC 的降级技术，作为 ACC 的备用方案。所提出的方法背后的思想是在无线链路发生故障或前车未配备无线通信装置时获得 CACC 功能的最小损失，这种策略使用卡尔曼滤波器对前车加速度进行估计来替代所需加速度，理论和实验结果都表明这种 CACC 降级技术可以以小于 ACC 所需的一半时距保证队列的串稳定性[104]。类似地，Wu 等提出一种使用自适应卡尔曼滤波器估计前车加速度的控制算法，在通信丢失的情况下，以估计的加速度作为本车 CACC 控制器中的前馈信号。实车仿真实验结果表明，在通信丢失期间，采用自适应卡尔曼滤波器的 CACC 的车距误差平均值约为回退到 ACC 的 20%，而采用普通卡尔曼滤波器的 CACC 约为其车距误差平均值的32%，这表明基于自适应卡尔曼滤波器估计信息控制的性能优于回退到 ACC 和基于普通卡尔曼滤波器对应的性能[105]。相比 LSTM 模型，卡尔曼滤波器计算更快、效率更高，尤其是对于线性系统，能够实时提供准确的状态估计。然而，对于非线性系统，卡尔曼滤波器的预测效果可能不如 LSTM。

这种重构加速度信息的方法由于其易于操作且行之有效，很多研究均基于该思想对通信延时进行补偿。然而，该方法主要是根据前车当前状态和一些启发式假设进行预测，如匀速或匀速假设，如果前车运行在非稳态下，预测结果往往存在一定的误差，这可能会导致控制失误。其次，在车辆高速运行时，前方车辆的运动状态变化可能会比较快，因此预测结果可能无法及时跟上前方车辆的变化。此外，该方法需要大量的传感器和算法支持，成本较高。

1.5.3　整定控制器增益

另一些学者则针对控制器进行优化，在 1.4 节中，我们提到通信延时导致控制器增益取值范围变化，不少学者基于该事实，提出调整控制器增益以满足不同通信延时下队列的串稳定性。

一些研究基于群智能算法寻找最优增益。Zhang 等基于 NGSIM 数据生成一条综合该路段所有车辆行驶特征的加速度曲线用于头车，并提出一种指标定量地描述队列的串稳定性，使用改进的粒子群算法 (PSO) 在不同的通信延时下最小化该指标实现控制器增益的实时整定，如图 1.8 所示，实验结果表明基于该综合曲线找到的动态控制器增益能够在不同的通信延时情况下更好地抑制外部扰动[29]。Ma 等推导了相邻车辆之间的间距误差传递函数，基于频域串稳定准则得到串稳定区域，然后，利用实数多项式的特征条件，得到传递函数的 Hurwitz 稳定区域。最后，将鲁棒最优控制问题表述为最值优化问题，基于多智能体的 PSO 算法在导出的稳定区域内寻找参数的最优值，使得加权目标函数最小[78]。这类方法简单、易于操作，缺点在于算法容易陷入局部最优，在某些情况下实时性也难以得到保证。

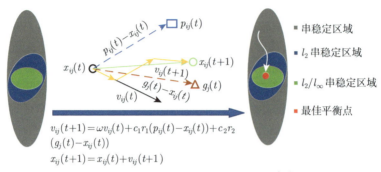

$$v_{ij}(t+1) = \omega v_{ij}(t) + c_1 r_1 (p_{ij}(t) - x_{ij}(t)) + c_2 r_2 (g_j(t) - x_{ij}(t))$$
$$x_{ij}(t+1) = x_{ij}(t) + v_{ij}(t+1)$$

图 1.8　基于 PSO 整定控制器增益[29]

另一些研究则基于 LMI 求解控制器的最优增益。Zhu 等将存在通信延时的 CACC 问题建模为延时系统的 H_∞ 控制，引入 Lyapunov-Krasovskii 函数并基于 LMI 方法寻找延时 CACC 系统的最优增益以确保串稳定性能[74]。类似地，Song 等针对变化延时情况下的不确定车辆队列设计了一套鲁棒延时反馈 CACC 控制器，建立 LMI 条件以保证车辆队列的鲁棒稳定性，对随机产生通信延时基于 LMI 工具箱中的 "feasp" 求解器进行计算得到队列中每辆车的最优控制器增益[106]。Coppola 等则基于信息流拓扑动态变化假设，通过一种分布式鲁棒 PID 控制策略，实现自动跟踪头车行为。通过 Lyapunov 理论进行的稳定性分析，允许对鲁棒控制增益进行适当的调整，确保队列中的所有车辆都能跟踪头车的行为，同时应对非线性异质动力学、模型不确定性、拓扑多样性和环境影响[107]。相对来说，LMI 方法的求解结果具有较高的精度和可靠性，计算复杂度较低，可以快速求解，而然，其对非线性问题适用性较差。

此外，动态规划的方法也被用于寻找最优控制器增益。Wang 等基于强化学习提出一种巡航控制器，它使用一类称为基于内核的最小二乘策略迭代的自适应动态规划方法来找到一种用于自适应调整时变比例积分 (PI) 参数的近似最优策略，用于具有未知动力学和外部干扰的自动驾驶车辆。该学习控制器由一个 PI 模块和一个带有内核机器的动作学习控制模块组成。巡航控制的学习目标是使车辆的纵向速度跟踪目标速度曲线，并尽可能减少误差；PI 模块中的参数根据车辆状态和学习控制模块的动作策略进行自适应调整，以应对不同的道路情况[108]。类似地, Li 等采用 ADP 技术对存在惯性延时的多车系统, 建立最优控制问题, 依靠在线状态和输入数据获得网联巡航控制 (connected cruise control, CCC) 车辆的最优控制器, 以保证车队中所有车辆以相同的速度行驶, 同时保持相邻车辆之间期望的车头时距[109]。此类方法的优势在于其能够自适应地调整控制器增益, 通过模型学习来提高控制器的性能, 以应对系统模型的不确定性和非线性, 但其可能会出现局部最优解, 收敛性不能得到保证。

这类方法简单、易于操作, 但也存在一些缺点。一方面, 该方法只适用于有限的通信延时, 当通信延时较大时, 只调整控制器增益不能保证队列的稳定性; 另一方面, 在实时调整控制器增益时, 可能会带来扰动, 影响队列的安全行驶。

1.5.4 构建多分支选择结构

一些学者则进一步提出多分支选择结构, 当通信延时发生时, 增强型 CACC 控制策略被激活, 以抵抗通信延时带来的不安全性。

Amoozadeh 等基于网络攻击和传感器篡改对 CACC 车辆队列影响的研究, 得出结论, 将 CACC 策略降级为 ACC 可能是应对网络攻击的潜在对策[110]。同样基于该思想, Harfouch 等提出了扩展平均驻留时间框架并设计了一种自适应切换控制策略, 该方法在原始控制器基础上 (指在具有完美发动机性能假设的同质队列下能够保持稳定) 增加了一个切换自适应项, 根据通信可靠性激活 CACC 或 ACC[39], 同时及时调整参数, 以补偿异构动力学、发动机性能损失及通信延时, 控制器切换框架如图 1.9 所示。类似地, Liu 等在常规的 CACC 系统中嵌入双分支控制策略, 当检测到致命的无线通信故障并确认时, 该安全增强协同自适应巡航控制 (SR-CACC) 系统将自动激活替代的基于传感器的自适应巡航控制策略[111]。该方法本质上是对车头时距及控制器增益及时调整, 实现控制器的切换。Alsuhaim 等也进行了类似的研究, 其基于对网络可靠性的估计对车头时距进行自适应调整, 在保证队列串稳定的同时实现最大化的道路通行效率, 实验结果表明, 与使用固定车头时距相比, 在存在通信延时的情况下, 该方法可提高 34.56% 的交通吞吐量[112]。Song 等则针对混合车流中前车的不同设计了 3 种控制器, 分别应用于前车为 CACC 车辆、ACC 车辆及有人驾驶车辆 3 种场景, 根据遇到的前车在这 3 种控制器中进行切换, 同时满足队列的安全性、节能性、舒适性及高效性的目标[113]。该研究本质上也是通过切换控制器适应不同的通信条件。将 CACC 降级为 ACC 虽然改善了对通信环境的容错性, 但切换的过程会引起较大幅度的振荡, 如何实现控制器的平滑切换仍需要进一步研究。

与上述切换思路不同, Geiger 等采用了在其 CACC 控制器中切换领先车辆的方法, 以便后面的车辆能够立即对任何异常车辆做出反应并避免碰撞[114]。Ouyang 等进行了类似的研究, 其认为固定通信结构模式下, 当队列头车的动力学状态突然改变时，跟随者的抗干扰能力不足，于是，提出每个跟随者可以以前面任意一辆车作为头车，并设计了相应的控制器和头车选择策略[115]。考虑到现有研究大部分都是基于正常的驾驶环境进行的，Miekautsch 等提出一种切换信息流拓扑结构的方法以适应紧急的驾驶环境[116]。这些方法本质上都属于切换信息流拓扑结构，该方法虽然能够提高系统的容错性，但切换过程在某种程度上会增加通信的开销，同时也会带来不可避免的扰动。

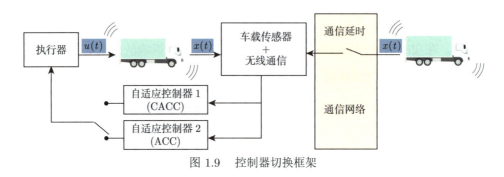

图 1.9　控制器切换框架

1.5.5　改进控制器

针对切换过程总是会出现颠簸，给乘客带来不舒服、不安全体验的问题，一些研究则设法改进控制器，该类方法旨在增强控制器的鲁棒性，以缓解通信延时的影响。

史密斯 (Smith) 预估器作为一种专门处理纯延时系统的控制补偿器，对整个闭环系统进行改造，使得闭环特征方程中不再包含纯延时环节。虽然整个系统的延时仍然存在，但此时纯延时环节已经不再影响系统的稳定性和动态性能，从而实现对延时系统的补偿。其一般流程为将纯滞后对象控制系统构造为一个闭环传递函数中不含延时的理想闭环系统。为了使系统传递函数保持不变，图 1.10 所示的紫色区域需要被满足，该式即为 Smith 预估器的传递函数。可以得到，Smith 预估器实际上是引入了一个与被控对象并联的补偿器 $(1-e^{-\tau s})G_p(s)$，经过补偿后，闭环系统的特征方程不再包含延时环节。Xing 等基于该思想，首先将原始 CACC 架构中位于前馈环节的通信延时重新安排为与被控对象串联，为此引入主从架构，进一步实现与 Smith 预估器的结合，其过程如图 1.11 所示。实验结果表明，当通信延时为 0.04s 时，最小车头时距可达 0.09s，相比原始 CACC 架构缩短 0.26s[28]。然而，该方法是基于测量前车间距的特定架构，Saito 等在此基础上，进一步将 Smith 预估器应用于测量后车间距的情况[117]。虽然，Smith 预测器能够将闭环特征方程中的纯延时环节剥离出来，却需要模型足够精确。

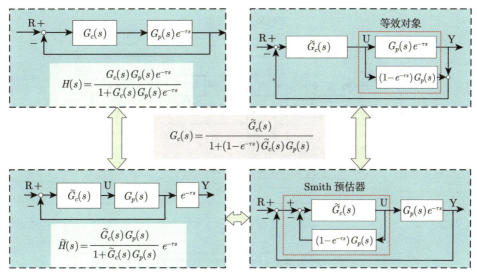

图 1.10 Smith 预估器工作原理

图中 R 表示输入信号；U 表示被控制对象；Y 表示输出信号

考虑到 Smith 预估器的固有缺点，Bai 等基于失配模型的内模控制 (internal model control, IMC) 提出一种考虑车辆动力学参数扰动的 IMC-PID 控制器。仿真结果表明，与 Smith 预测器方法相比，该方法具有更强的鲁棒性[118]。此外，Xing 等提出利用 μ 综合方法设计鲁棒控制器来处理 CACC 系统中的不确定通信延时，实现了在所有可能的不确定延时下保证 CACC 的串稳定性[119]。这类方法在一定程度上有效改善了队列的鲁棒性，然而，没有充分考虑恶意攻击，容易受到威胁。

Cui 等针对现有的 CACC 控制器在处理恶意软件攻击、网络钓鱼攻击、DNS 隧道攻击等突发事件时，通过通信接收到的感知数据与实际情况相矛盾的缺点，提出一种鲁棒的控制器，该控制器结合了全前车跟随式 (APF) 和前车-头车跟随式 (PLF) 两种信息流拓扑结构的优势，提高了 CACC 队列的容错力[120]。类似地，Liu 等提出了一种统一的基于动态通信拓扑的 CAV 跟踪模型，该模型能够适应由于通信失败引起的拓扑变化，并考虑感知误差。一方面根据通信拓扑结构动态调整采集到的驾驶信息的权重值，另一方面采用自适应卡尔曼滤波 (AKF) 方法减小感知误差[121]，从而实现对通信延时的补偿。这些控制器适应性强，能够迅速针对恶意攻击做出反应，缺点在于在对不同情况进行适配时，会引入一定程度的扰动。

Zhang 等则对控制策略进行改进，首次提出一种 Semi-CTG 策略，该策略在传统恒时距策略对应的期望间距基础上引入第三项，该项是对前车速度在一段时间 ξs 内的积分，此时，间距误差只与前车 $(t - \xi)$ s 时的位置有关，而与当前位

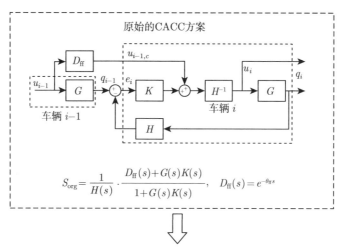

$$S_{\text{org}} = \frac{1}{H(s)} \cdot \frac{D_{\text{ff}}(s) + G(s)K(s)}{1 + G(s)K(s)}, \quad D_{\text{ff}}(s) = e^{-\theta_{\text{ff}}s}$$

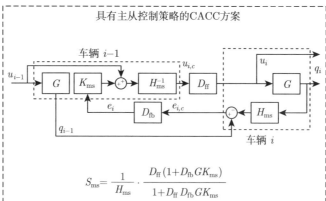

$$S_{\text{ms}} = \frac{1}{H_{\text{ms}}} \cdot \frac{D_{\text{ff}}(1 + D_{\text{fb}}GK_{\text{ms}})}{1 + D_{\text{ff}}D_{\text{fb}}GK_{\text{ms}}}$$

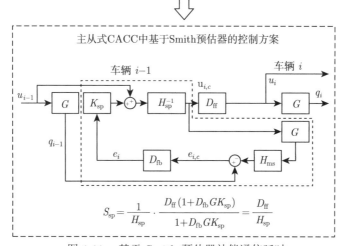

$$S_{\text{sp}} = \frac{1}{H_{\text{sp}}} \cdot \frac{D_{\text{ff}}(1 + D_{\text{fb}}GK_{\text{sp}})}{1 + D_{\text{fb}}GK_{\text{sp}}} = \frac{D_{\text{ff}}}{H_{\text{sp}}}$$

图 1.11 基于 Smith 预估器补偿通信延时

置无关，从而将前车的历史信息纳入控制器设计，只要通信延时小于积分时长 ξs，控制器性能就不受通信延时影响。该方法虽然有效补偿了通信延时对队列的影响，然而仅对通信延时小于积分时长的情况有效[122]。

　　然而，在上面的研究中，车辆被认为是具有线性动力学的质量点，仅考虑车辆的纵向运动。在实际应用中，这将不可避免地降低实际控制性能。为此，Liu 等[123] 提出一种四轮独立驱动电动车的车辆跟驰控制器。该方案在前馈-反馈纵向控制器中加入一种自适应拉格朗日插值多项式通信丢包补偿器，并利用前车的历史数据来抵消通信延时对横向控制的影响，将具有延时补偿器的纵向控制器与横向模型预测控制器集成，以实现车辆跟车控制，通过硬件在环测试，在综合驾驶场景下对所提控制器的稳定性进行了理论和实验验证。实验结果表明，该控制器在非理想 V2X 通信条件下具有良好的车辆跟踪性能。事实上，该研究基于恒定延时假设，也存在一些局限性。Zhang 等[124] 则提出了一种集成决策与运动控制的框架来实现复杂驾驶场景下的紧急规避，其整体框架如图 1.12 所示。一方面，将制动、换道和加速等驾驶原语泛化为完整的紧急规避动作，并将其作为主车辆速度和道路附着系数的映射函数进行数值计算完成决策。另一方面，提出线性时变模型预测控制与直接偏航力矩控制相结合的方法，实现紧急避障的精确航迹跟踪控制。基于全面的硬件在环测试，在各种场景下验证了所提方案的有效性。该方法通过合理的决策和准确的路径跟踪控制，实现及时的紧急规避，这对于应对真实道路中多变的通信条件具有重要指导意义。

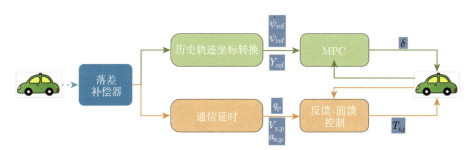

图 1.12　集成控制器整体框架结构

1.6　结　　语

　　当前的车车通信延时补偿技术已经取得了一定的进展，但仍然存在一些短板。

　　(1) 过于理想化：现有研究大多数停留在仿真阶段，缺少测试验证。真实道路环境中，通信条件变化更为随机、多样、复杂，而现有研究大部分则是给定延时变化函数或数值进行仿真，离真实道路交通情况相差较远，进一步测试验证是不可缺少的一环。

(2) 精度不足：补偿通信延时需要精确测量相邻车辆的信息和估算信号传输的时间延时，以达到更好的实时控制和数据同步。但是，现有传感器等设备仍然存在误差和不确定性，导致补偿效果不够理想。

(3) 实时性差：现有的补偿策略虽然能够实现其补偿效果，然而，现有技术在实时性方面仍然存在不足，例如需要进行复杂的计算和处理，导致延时过长，无法满足车辆之间数据实时传输的要求。另外，一些方法需要依赖于特定的硬件设备或软件平台，也限制了其实时性的表现。

(4) 安全性问题：延时补偿方法需要具备较高的安全性。但是，大部分研究并没有考虑这一部分，导致易受到网络攻击和干扰。

(5) 适用范围受限：当前的车车通信延时补偿技术大多适用于特定场景和特定通信模式。这限制了技术的应用范围和通用性，无法满足不同车辆之间的通信需求。此外，不同车辆之间的通信协议和技术也不尽相同，导致技术的兼容性受到限制。

(6) 缺乏性能量化指标：难以比较各种补偿策略的改善效果。虽然各种补偿策略都在一定程度上定性地改善了队列的稳定性及安全性，但很难定量地比较其补偿效果，因此，设计统一的队列性能评价指标对于深入对比分析各种补偿策略至关重要。

第 2 章　通信延时对队列稳定性的影响

2.1　引　　言

近十年来，全球电子商务发展迅速，物流业也日益繁荣。因此，公路运输基础设施的建设正面临着巨大的压力。在欧盟 (EU) 中，公路运输在其物流业中所占比例最大，约为 50%。在美国，卡车运输在物流业占 60% 以上，一直是最大的货物运输方式。在我国，网络零售市场交易额截至 2015 年上半年达到 1.614 万亿元，其中货车运输约占全国总货运量的 75%。因此，如何提高交通安全和交通效率是一个严峻的挑战。

队列行驶技术的出现为现代公路运输提供了新的思路。队列行驶系统对传感器和控制子系统进行配置，以保持车辆之间一定的安全距离。队列中的所有车辆都会自动跟随领队车辆，使整个队列成为一个整体。由于队列中的车辆可以相互通信，因此即使在安全驾驶模式下，它们也可以实现较高的平均速度和相对较短的间距。此外，在行驶过程中，由于队列中车与车之间的距离较短，后方车辆的空气阻力将减小，燃料消耗也因此减少。

自适应巡航控制 (ACC) 可用于管理队列中自动行驶并且可以使用其雷达获取前方车辆的动态信息的车辆。利用车辆间的无线通信，ACC 已经发展成为协同式自适应巡航控制 (CACC)。使用 CACC 模式的车辆可以通过无线通信接收前方车辆或后方车辆的信息。CACC 可以让一个队列达到更好的性能，因为它具有合作的自然性。然而，无线通信的可靠性与电磁波的多径影响、交通密度、电子噪声、建筑障碍、隧道和绿色植被等许多不确定性有关。

如果无线通信系统遭受一定程度的延时，则车辆弦稳定性将变差，其中车辆之间的间距误差将被放大并向队列前方传，队列的性能将急剧下降。此时，应将CACC 的控制模型转换为 ACC 模型，以避免队列不稳定和车间碰撞。因此，确定一个队列何时应该从 CACC 转移到 ACC，甚至转向手动控制 (人类驾驶) 是很重要的。这项工作的主要贡献是提出了一种数值方法来识别出保证队列弦稳定性的通信延时边界。因此，从业人员和工程师可以确定他们使用的通信系统是否符合当前的控制器设置和车辆动力学。我们采用真实仿真验证了所提出的数值分析结果，应用速度、速度误差、间距误差和车头时距等各种指标，测试了不同通信延时水平下的车辆队列稳定性。

本章的其余部分组织如下：2.2 节介绍了通信延时对 CACC 纵向控制的影响的相关研究。2.3 节介绍了 CACC 模式下弦稳定性的必要问题陈述，介绍了车辆的纵向动力学、一般控制规律和弦稳定性准则。本研究的主要思想详见 2.4 节。开发了一种数值方法来识别通信延时边界。为验证所获得的通信延时边界的正确性和准确性而进行的仿真将在 2.5 节中详细介绍。最后，2.6 节总结了本研究的要点。

2.2   相 关 工 作

在文献中，许多研究都为设计用于队列行驶的纵向控制器[79,125−127]做出了贡献。然而，研究弦稳定性的无线通信系统的延时边界的具体工作尚未完成。实际上，与纵向队列控制相关的延时包括通信延时、传感器延时和执行器滞后。无线通信系统中的数据冲突、信号阴影和衰落会导致通信延时。传感器延时是由车载传感器 (例如毫米波雷达) 中的信号感应和滤波产生的。由于动力总成或制动执行器的滞后，在车辆动态系统的较低层会导致执行器滞后。

一些在考虑传感器延时或执行器滞后的研究中提高了弦稳定性。Swaroop 提出了一项关于纵向控制和弦稳定性分析的早期研究[48]。他讨论了滑动表面控制器对执行器/信号滞后处理的鲁棒性。Naus 等提出了一项改进，他们引入了与速度相关的车辆间距政策。此外，还推导出了弦稳定性的频域条件[83]。此外，Wang 等设计了一种策略，以增强具有传感器延时和执行器滞后的自动驾驶汽车的弦稳定性，其中提出了预测控制框架模型[75]。Wang 还提出了一种方法，该方法利用基础设施来提高具有传感器延时和执行器滞后的 ACC 控制器的弦稳定性[128]。Xiao 和 Gao 等提出了一种基于滑动模式控制器的控制定律，该定律使用恒定时间间隔 (CTG) 策略考虑线性 ACC 控制器的传感器延时和执行器滞后[91]。然而，上述研究均未考虑通信延时。

一些研究人员已经意识到通信延时对弦稳定性的影响。他们依靠改变网络配置来抑制通信延时，从而增强队列的弦稳定性。Fernandes 等提出了一种策略，通过使用来自队列头车和跟驰车辆的反通信信息来减轻队列之间的通信延时[129]。Ge 和 Orosz 等设计了一种策略，提供灵活的临时连接，以减轻各种流量场景下的通信延时[130]。然而，这些研究并不关注通信延时边界。

一些研究集中在控制器设计上，该设计可以减轻通信延时对弦稳定性的影响。Ploeg 等讨论了通信延时对弦稳定性和车头时距的影响，但没有提供定义通信延时边界的理论模型[33]。Ploeg 等开发了一种用于弦稳定性的 H_∞ 控制器合成方法，其中 L2 弦稳定队列策略用于双车前瞻拓扑以减少更多的通信延时[73]。

此外，Gao 等提出了一种 H_∞ 控制方法，用于具有不确定车辆动力学和均匀通信延时的异构车辆队列[131]。最后，Harfouch 等提出了一种自适应开关控制策略，该策略根据通信可靠性激活增强的 CACC 模式[39,132]。然而，这些研究没有调查通信延时边界。

Liu 等研究了当前纵向控制器设计在通信延时方面的鲁棒性，发现了特定网络拓扑中前车信息延时的上界[88]。他们的研究是基于特定的网络拓扑结构和路由协议。实际上，他们研究的通信延时包括了路由协议的时隙，因此，他们的方法与我们不同。同样，Di Bernardo 等提出了一种共识策略来缓解弦稳定性问题，其中队列被视为一个受时变异构通信延时影响的动态网络[133]，并基于图论推导出分布式控制协议。在研究中，虽然没有讨论延时边界，但时变延时在合理范围内。最近，Zhou 和 Ahn 提出了一种考虑时变通信延时的跟车控制策略[31]。该文在频域内导出并证明了一个局部稳定的充要条件和鲁棒稳定的充要条件。而且，Chehardoli 等为了处理通信和寄生延时，将队列建模为在各种时变网络拓扑下的多重延时线性系统，其中研究了内部稳定性和弦稳定性，提出了一种自适应控制律和共识控制方法[54]。上述研究旨在设计一种纵向控制器来减轻通信延时的影响。但对通信延时边界没有进行研究。

在本研究中，我们从另一个角度出发，对通信延时边界进行了数值计算。当实际通信延时超过这个界限时，串的弦稳定性不再得到保证。该方法的主要目的是在考虑车辆动力学和控制器设置的情况下，提出一种识别通信延时边界的数值方法。本研究可为工程技术人员提供一个客观的范围，以确定无线车际通信 (IVC) 系统是否能满足当前车辆动力学和所选择的 CACC 控制器参数。

2.3 问 题 陈 述

针对三阶车辆动力学模型，给出了一种通用的上层控制器，并通过理论推导研究了通信延时对控制器的影响。然后讨论了弦稳定性判据，为通信延时边界的定义提供了理论依据。

2.3.1 车辆纵向动力学

图 2.1 均匀队列显示了在 CACC 模式下工作的均匀队列，其中 d_i 为车辆 i 与其前车 $i-1$ 之间的间隙；d_{i+1} 是车辆 $i+1$ 与其前车 i 之间的间隙；v_{i+1}，v_i 和 v_{i-1} 分别是车辆 $i+1$，i 和 $i-1$ 的速度；$v_i \cdot t_d + G_{\min}$ 是车辆 i 与前车 $i-1$ 之间的期望间隙。为了简化公式推导，本工作使用单前置跟随网络拓扑 (SPF)。后车通过无线通信仅使用其最近前车的加速度。此外，通信延时对于每个传输是相同的，尽管实际上延时可以是可变的。为了研究通信延时，我们假设雷达传感器测量的间隙是准确的。车辆 i 即 x_i 的位置在行驶方向上增加。x_i 的导数是车辆 i 的速度，即 v_i，x_i 的二阶导数是车辆 i 的加速度，即 a_i。车辆 i 的状态在式 (2.1) 中指示。

$$\frac{\mathrm{d}}{\mathrm{d}t}\left(x_i, \dot{x}_i, \ddot{x}_i\right) = \left(v_i, a_i, \frac{u_i - a_i}{\tau_i}\right) \tag{2.1}$$

其中，x_i 的三阶导数是指扭矩力输入 u_i 在 $\mathrm{d}t$ 的时间间隔内的差值，u_i 是由上层控制律计算出的期望加速度输入，τ_i 是由于动力系统或制动执行器的滞后而引起的车辆 i 的机械或执行器滞后。x_i 的第三个推导简化了车辆 i 的下层控制的复杂性。在一个队列中，CACC 控制器考虑车辆 i 的一系列变量，即 $S_i = (d_i, v_{i-1}, v_i, a_i)$，其中 S_i 定义为车辆动力学。为了将车辆 i 和前车 $i-1$ 之间的动力学联系起来，需要设计 CACC 控制律，如式 (2.2) 所示。

$$u_i = f\left\{S_i(t - \Delta)\right\} \tag{2.2}$$

其中 $f\{\cdot\}$ 是具体控制律，Δ 是通信延时。方程式 (2.2) 提供了考虑通信延时时所需控制输入 u_i 和车辆动力学 S_i 之间的关系。

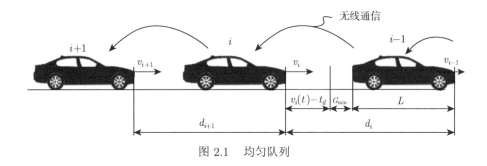

图 2.1　均匀队列

2.3.2　一般线性 CACC 控制律

对于广义的推导，我们将式 (2.2) 在考虑加速度时的通信延时的情况下扩展到式 (2.3)，其中车辆 i 通过无线通信接收车辆 $i-1$ 的加速度。因此，在前车 $i-1$ 的加速度处增加延时项。

$$u_i(t) = f\left(a_{i-1}(t - \Delta), v_{i-1}(t), d_i(t), v_i(t)\right) \tag{2.3}$$

$f\{\cdot\}$ 在式 (2.4) 中定义为线性结构：

$$f\left(a_{i-1}(t - \Delta), v_{i-1}(t), d_i(t), v_i(t)\right)$$
$$\approx f_{a_{i-1}}\tilde{a}_{i-1}(t - \Delta) + f_{v_{i-1}}\tilde{v}_{i-1}(t) + f_{d_i}\tilde{d}_i(t) + f_{v_i}\tilde{v}_i(t) \tag{2.4}$$

其中 $\tilde{d}_i = d_i - d_e, \tilde{v}_i = v_i - v_e, \tilde{v}_{i-1} = v_{i-1} - v_e, \tilde{a}_{i-1} = a_{i-1} - a_e, f_{d_i} = \left.\frac{\partial f}{\partial d_i}\right|_{v_e}, f_{v_{i-1}} = \left.\frac{\partial f}{\partial v_{i-1}}\right|_{v_e}, f_{v_i} = \left.\frac{\partial f}{\partial v_i}\right|_{v_e}, f_{a_{i-1}} = \left.\frac{\partial f}{\partial a_{i-1}}\right|_{a_e}, d_e, v_e$ 和 a_e 分别是所需的间距、速度和加速度。通常 a_e 是 v_e 的导数，等于零，$f_{a_{i-1}}, f_{v_{i-1}}, f_{d_i}$ 和 f_{v_i} 是相应因子的增益。

该控制律的目的是保持一个弦稳定队列，其中每辆车以期望的速度行驶，并与前车保持期望的间距。同时，车辆的加速度收敛到零。通过这样做，如方程式 (2.4) 中所定义的线性的 CACC 控制器可以被引入我们关于通信延时边界建模的讨论。

$$\dot{a}_i(t) = \frac{u_i - a_i(t)}{\tau_i} \tag{2.5}$$

将式 (2.5) 插入式 (2.3) 并对两边进行微分，然后重新排列方程，我们得到式 (2.6)：

$$\tau_i \ddot{a}_i(t) + \dot{a}_i(t) - f_{v_i} a_i(t) + f_{s_i} v_i(t)$$
$$= f_{a_{i-1}} \dot{a}_{i-1}(t - \Delta) + f_{v_{i-1}} a_{i-1}(t - \Delta) + f_{s_i} v_{i-1}(t) \tag{2.6}$$

式 (2.6) 对速度误差应用拉普拉斯变换，因此速度误差的传递函数如式 (2.7) 所示：

$$H_i(s) = \frac{\tilde{v}_i(s)}{\tilde{v}_{i-1}(s)} = \frac{f_{a_{i-1}} s^2 e^{-\Delta s} + f_{v_{i-1}} s + f_{s_i}}{\tau_i s^3 + s^2 - f_{v_i} s + f_{s_i}} \tag{2.7}$$

其中 $e^{-\Delta s}$ 是拉普拉斯变换场中的延时项。注意，速度误差传递函数与均匀队列[128] 情形中的间距误差传递函数相同。为此，定义了具有 SPF 网络拓扑结构的广义线性 CACC 控制器，得到了其拉普拉斯变换，以供进一步讨论。值得一提的是，一般的线性 CACC 控制器可以被各种特定的控制律所取代，SPF 结构也可以转化为另一种结构，如多前车跟随 (MPF)。提出的方法仍可用于这些情况。唯一不同的是，传递函数将适用于特定的各自的控制律和网络结构。

2.3.3 弦稳定性判定

弦稳定性的定义是避免当它在队列的上游传播时，由领队或前车产生的干扰 (速度误差或间距误差) 的放大。对于一般 CACC 控制器的传递函数 $H_i(s)$，为了保证弦的稳定性要求，$H_i(s)$ 的幅值应小于 1，如式 (2.8) 所示：

$$\| H_i(j\omega) \|_\infty = \sup_\omega |H_i(j\omega)| \leqslant 1 \tag{2.8}$$

其中，$\|\cdot\|_\infty$ 表示所有 ω 的最大值。因此，利用式 (2.7) 和式 (2.8) 的条件，可以确认通信延时边界。由式 (2.7) 可知，通信延时边界是指车辆的动态系统特性，即执行器滞后 τ_i 和 CACC 控制器参数，即 $f_{a_{i-1}}$，$f_{v_{i-1}}$，f_{d_i}，f_{v_i}。如果这些参数被确定，那么通信延时边界也被确定。如果当前通信系统不能提供实时传输，则 CACC 控制器应该折中从无线通信获得的输入的增益，即 $f_{a_{i-1}}$，以保证弦稳定性。如果通信延时持续恶化，为了队列的安全稳定，CACC 最终会切换到 ACC 模式。在 2.4 节中，通过考虑特定的 CACC 控制律，提出了求解通信延时边界的数值方法。

2.4   通信延时边界数值分析

2.4.1   一种确认通信延时边界的数值方法

基于前面描述的一般 CACC 控制定律,我们指定了一个恒定时间间隔 (CTG) 策略来讨论通信延时边界[58]。式 (2.9) 给出了具有通信延时的控制律。请注意，我们只考虑前方车辆加速度的通信延时，并假设有关相对速度和间距的信息没有延时。这些假设可以让我们专注通信延时对弦稳定性的影响。

$$u_i = k_a \cdot a_{i-1}(t - \Delta) + k_v \cdot [v_{i-1}(t) - v_i(t)] + k_s \cdot [d_i(t) - v_i(t)t_d - G_{\min}] \quad (2.9)$$

其中 k_a 是前一车辆加速度的增益，k_v 是后一车辆 i 与前一车辆 $i-1$ 之间的速度差增益，k_s 是后一车辆 i 与前一车辆 $i-1$ 之间的间距差增益，Δ 是通信延时，$d_i(t)$ 是后一车辆 i 与前一车辆 $i-1$ 之间的差距，$G_{\min}$ 是静止距离，t_d 是 CTG 策略中定义的时间间隔。式 (2.9) 的参数可以根据一般 CACC 控制器的定义得到，即 $f_{a_{i-1}} = k_a$，$f_{v_{i-1}} = k_v$，$f_{v_i} = -k_v - k_s t_d$，并且 $f_{d_i} = k_s$。因此，具体的传递函数如式 (2.10) 所示：

$$H(s) = \frac{k_a s^2 e^{-\Delta s} + k_v s + k_s}{\tau s^3 + s^2 + (k_v + k_s t_d)s + k_s} \quad (2.10)$$

传递函数的大小可以使用式 (2.11) 计算。弦稳定性要求传递函数 $H(j\omega)$ 小于 1，如式 (2.8) 所示。因此，GTG 控制器的参数应满足在一定通信延时 Δ 和所有考虑的干扰频率 ω 下对弦稳定性的要求。

1) 数值三维稳定体

通过数值分析确定了上述 CTG 控制器的通信延时边界。首先，提出了一种数值识别 CTG 控制器在一定通信延时下的弦稳定区的方法：弦稳定区由三个维度组成，即 k_a, k_v 和 k_s，它们是式 (2.9) 中 CTG 控制器的参数。当 $H(j\omega)$ 的幅度小于 1 时，数据点在 3D 空间中设置。因此，弦稳定区称为 3D 稳定体。

实际上，3D 稳定体由指定参数时获得的一系列 2D 稳定表面组成。2D 稳定表面定义为由 k_v 和 k_s 组成的弦稳定区域。为了清楚地证明 3D 稳定体和 2D 稳定表面之间的关系，将 k_a 的步长放大到 0.1，如图 2.2(d)、(e)、(f) 所示。

图 2.2 所示的 3D 稳定体由一系列特定值为 k_a 的 2D 稳定表面组成。我们可以观察到，即使控制器设置 ($k_a k_v k_s$, t_d 和 τ_i) 相同，对于不同的干扰频率，仍然存在不同的 3D 稳定体。这一观察结果可以通过等式 (2.10) 得到证实。幸运的是，交通流的干扰频率通常限制在 0 到 3rad/s 之间。因此，这些特定频率的 3D 稳定体可以通过使用 "AND" 逻辑计算来组合到满足方程式 (2.10) 条件的最终 3D 稳定体。也就是说，对于所有考虑的干扰频率，$H(j\omega)$ 的最大幅度应小于或等于 1，如图 2.3 所示。

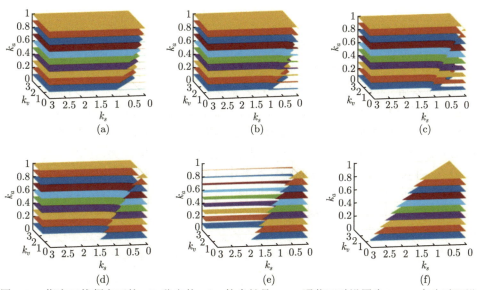

图 2.2 指定干扰频率下的 3D 稳定体，k_a 的步长是 0.1，通信延时设置为 0.3s，车头时距设置为 1s，执行器滞后设置为 0.5s。干扰频率为 (a) 0.1rad/s; (b) 0.5rad/s; (c) 1rad/s; (d) 1.5rad/s; (e) 2rad/s 和 (f) 3rad/s

在图 2.3(a) 中，显示了由一系列 2D 稳定表面组成的 3D 稳定表面，其中 k_a 的步长是一个大值 0.1。该图显示了图 2.1 均匀队列中 3D 稳定体的综合结果。如图 2.3(b) 所示，当 k_a 的步长减小到 0.01 时，2D 稳定表面的密度更大。我们将 3D 稳定体标为红色，如图 2.3(c) 所示。这种类型的 3D 稳定体将在其余部分使用。

$$|H(j\omega)| = \sqrt{\frac{k_a^2\omega^4 + 2k_vk_a\sin(\Delta\omega)\omega^3 + \left[k_v^2 - 2k_ak_s\cos(\Delta\omega)\right]\omega^2 + k_s^2}{\tau^2\omega^6 + \left[1 - 2\left(k_v + k_st_d\right)\tau\right]\omega^4 + \left[\left(k_v + k_st_d\right)^2 - 2k_s\right]\omega^2 + k_s^2}}$$

$$(2.11)$$

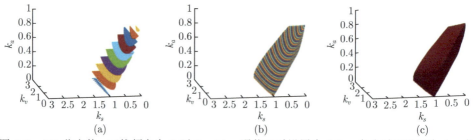

(a)　　　　　　　　　　　　　(b)　　　　　　　　　　　　　(c)

图 2.3　3D 稳定体，干扰频率为 0 至 3rad/s，通信延时设置为 0.3s，车头时距设置为 1s，执行器滞后设置为 0.5s。k_a 步长为 (a) 0.1；(b) 0.01；(c) 趋于 0

2) 串稳定性的通信延时边界

要确定通信延时边界，应首先确认 k_a。此项与 CTG 控制器将使用前车辆加速度的百分比有关。k_a 参数的选择是指队列的交通安全、交通效率和波动性，其中超出了本研究的范围。此处值为 0.6，被选为 k_a 以实现平衡的队列性能。获得一系列对应于不同通信延时值的 2D 稳定表面，如图 2.4 所示。从图 2.4 中，我们观察到二维静态表面的面积随着通信延时的增加而减小。图 2.4(f) 中的弦稳定区域在 0.5s 的通信延时下完全消失。因此，已找到通信延时边界。此外，k_v 的 0.4 值和 k_s 的 0.2 值始终包含在弦稳定区域中，直到该区域消失。因此，CTG 控制器的通信延时边界为 0.5s，其中 k_a, k_v 和 k_s 的值分别设置为 0.6, 0.4 和 0.2。这一结论通过 2.5 节中描述的模拟得到验证。

证明所提出的数值的正确性方法，如图 2.5 所示的波特图绘制为相同的控制器参数 (k_a, k_v 和 k_s) 和 0s、0.2s 和 0.5s 三个延时。它显示了不同延时设置下的传递函数。

我们可以看到就所有干扰频率而言，$H(s)$ 的大小总是小于 1，当延时等于零时。$H(s)$ 的大小略有增加，当延时设置为 0.2s 时。最后，$H(s)$ 的大小在低干扰频率下略大于 1 时通信延时在 0.5s 时达到其边界。这一观察结果证明了所提数值的正确性。

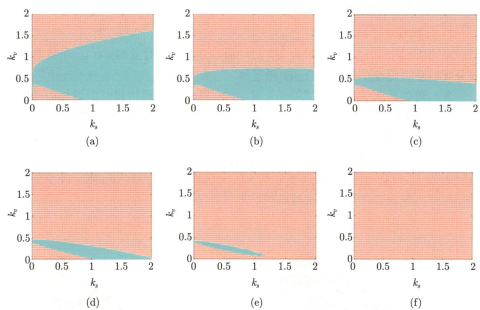

图 2.4 具有不同通信延时的 2D 稳定表面。浅蓝色区域表示弦稳定性，而红色区域反之。k_a 的值设置为 0.6，车头时距设置为 1s，执行器滞后设置为 0.5s。通信延时值为 (a) 0s; (b) 0.2s; (c) 0.3s; (d) 0.4s; (e) 0.45s; (f) 0.5s

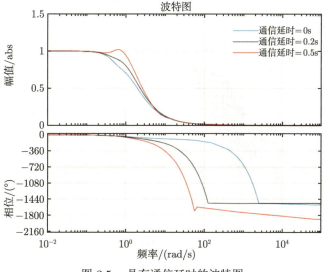

图 2.5 具有通信延时的波特图

2.4.2　队列参数对弦稳定区的影响

1) 控制算法增益

k_a 中的增益，与通信延时有关，进行数值调查。延时 0.01s, 0.1s, 0.3s 和 0.6s 被分配以获得图 2.6 中所示的 3D 稳定体。

我们可以看到弦稳定区域缩小，并且 k_a 的值随着通信延时的增加而受到限制。第一个观察结果很简单，表明当通信延时增加时，串稳定区域会减小。这也证明了当 3D 稳定体消失时存在通信延时边界。第二个观察结果意味着，使用的合作信息越多，所需的无线通信网络性能就越高，反之亦然。这意味着，如果使用较大的 k_a 增益，系统应提供更强的实时无线通信。一些研究证实，使用的网络合作越多，获得的队列性能就越高[15,33,83,131]。

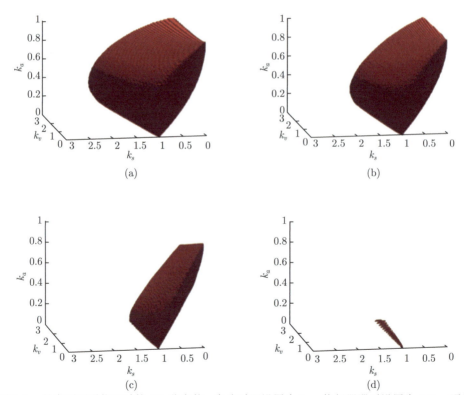

图 2.6　具有不同通信延时的 3D 稳定体，车头时距设置为 1s，执行器滞后设置为 0.5s。通信延时为 (a) 0.01s; (b) 0.1s; (c) 0.3s; (d) 0.6s

2) 车头时距

车头时距表示后续车辆和前一车辆之间的差距。本节研究了队列车头时距与通信延时之间的关系。如图 2.7 所示，在 1s、0.9s、0.8s 和 0.7s 的车头时距下获得 3D 稳定体，通信延时和执行器滞后分别固定在 0.1s 和 0.5s。我们可以看到，弦稳定区域随着前进时间的减少而缩小。3D 稳定体的大小可以反映通信延时边界的范围。因此，结果表明，如果队列系统的车头时距设置得相对较高，则其对通信延时的容忍度更高。

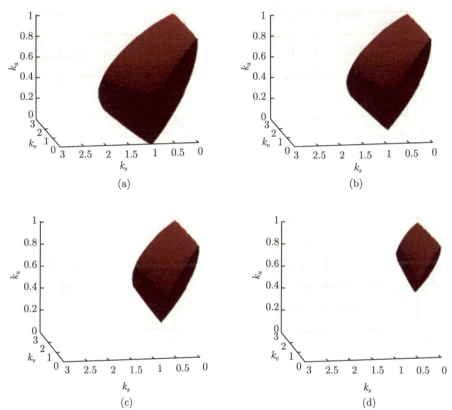

(a)　　　　　　　　　　　　　　(b)

(c)　　　　　　　　　　　　　　(d)

图 2.7　具有不同车头时距的 3D 稳定体，执行器滞后设置为 0.5s，通信延时设置为 0.1s。车头时距为 (a) 1s；(b) 0.9s；(c) 0.8s；(d) 0.7s

3) 执行器滞后

执行器滞后是来自车辆上层控制的加速命令与车辆的下层控制发出加速命令之间的延时时间。本节研究了执行器滞后对队列弦稳定性的影响。具有不同执行器的 3D 稳定体滞后 0.2s、0.3s、0.4s 和 0.5s，如图 2.8 均匀队列所示，通信延时和前进时间分别固定为 0.3s 和 1s。

我们可以看到，随着执行器滞后的增加，弦稳定区域显著缩小。这是有道理的，因为如果车辆的执行器能够更快地做出反应，车辆可以容忍相对较高的通信延时，反之亦然。应该注意的是，与车头时距相比，执行器滞后会显著影响弦稳定性。根据 Rajamani 的研究可知，通常汽车的执行器约为 0.5s[134]。

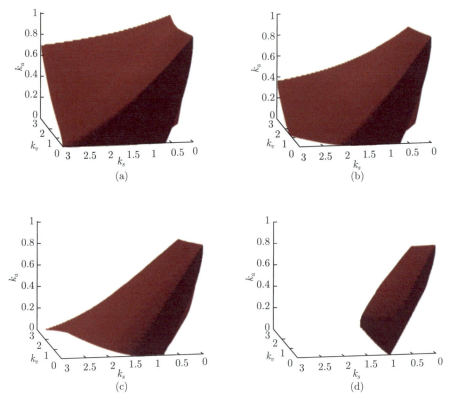

图 2.8　具有不同执行器滞后的 3D 稳定体，车头时距设置为 1s，通信延时设置为 0.3s，执行器滞后为 (a) 0.2s；(b) 0.3s；(c) 0.4s；(d) 0.5s

2.4.3　与以前的研究比较

在以前的研究中[91,128]，弦稳定性的性能也使用与 (2.4) 中描述的类似的传递函数来估计。本节将详细介绍该方法，以作为与本研究中概述的拟议数值方法进行比较的参考方法。为了满足弦稳定性的要求，传递函数的大小应小于 1，如下面不等式 (2.4) 所示：

$$\| H(jw) \|_2 = \frac{\| UP \|_2}{\| LP \|_2} < 1 \tag{2.12}$$

其中：

$$\| UP \|_2 = k_a^2 w^4 + 2k_v k_a \sin(\Delta w) w^3 + \left[k_v^2 - 2k_a k_s \cos(\Delta w) \right] w^2 + k_s^2 \tag{2.13}$$

$$\| LP \|_2 = \tau^2 w^6 + [1 - 2(k_v + k_s t_d)\tau] w^4 + \left[(k_v + k_s t_d)^2 - 2k_s \right] w^2 + k_s^2 \quad (2.14)$$

在以前的工作中，$\| UP \|_2$ 被放大以删除式 (2.13) 中的 $\sin(\Delta w)$ 和 $\cos(\Delta w)$ 项。因此得到式 (2.4)：

$$\| UP \|_2 \leqslant \left(k_a^2 + 2k_v k_a \Delta \right) w^4 + \left[k_v^2 - 2k_a k_s \right] w^2 + k_s^2 \quad (2.15)$$

最后，根据串稳定性的条件得到不等式 (不等式 (2.4))

$$\tau^2 \omega^6 + \left[(1 + k_a)^2 - 2\tau (k_v + k_s t_d) - k_a^2 - 2k_v k_a \Delta \right] \omega^4$$
$$+ \left[(k_v + k_s t_d)^2 - 2k_s (1 + k_a) - k_v^2 - 2k_s k_a \right] \omega^2 > 0 \quad (2.16)$$

3D 稳定体可以从不等式 (2.16) 获得，如图 2.9 均匀队列所示。我们可以看到，弦稳定面积随着通信延时的增加而减小。但值得注意的是，当没有发生通信延时时，k_a 的最大值不超过 0.2。这种现象是不寻常的，因为当前车辆的预期加

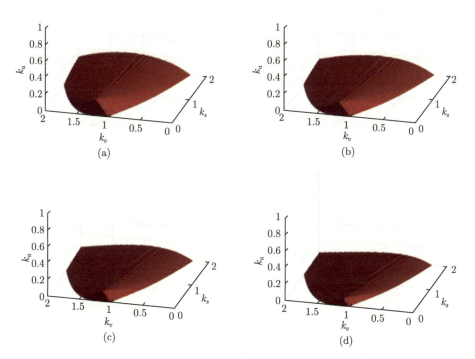

图 2.9　具有不同通信延时的 3D 稳定体，车头时距设置为 1s，执行器滞后设置为 0.4s，通信延时为 (a) 0.01s；(b) 0.1s；(c) 0.3s；(d) 0.6s

速度仅考虑前车辆加速度的 20%。这正是之前研究的缺点：它不能给出准确的通信延时边界，只能给出一个粗略的边界。原因是该方法提供了相对苛刻的条件来保证弦稳定性，恶劣条件来自式 (2.15) 中的 $\| UP \|_2$。在那里，$\| UP \|_2$ 被放大以满足不等式 (2.4) 的要求，而处理显著抑制控制器的参数。在下一节中，我们将通过实际模拟来验证数值方法的正确性和准确性。

2.5   仿 真 验 证

为了验证所提出的数值方法，将一个使用 CTG 策略的 CACC 控制器编码到 Plexe 中，该控制器可以真实地模拟队列行驶 (即自动配对的汽车跟随) 系统。Plexe 具有逼真的车辆动力学和多种巡航控制模型，允许分析控制系统，大型和混合场景以及网络协议和协作操作。Plexe 实际上是一个名为 Veins 的程序的队列扩展，该程序是车辆网络的模拟框架。Veins 依赖于两个模拟器，即基于事件的网络模拟器 OMNeT++ 和道路运输模拟器 SUMO 浏览器。Veins 提供了一个 Python 程序，通过 TCP 将 OMNeT++ 和 SUMO 关联起来，从而扩展它们，为车辆间通信模拟提供一套全面的模型。

2.5.1   模拟配置

我们的模拟中使用了 Plexe 2.1 (基于 Veins 4.7)、OMNeT++ 5.1.1 和 SUMO 0.32.0。DSRC 设备的 MAC 和 PHY 层基于 IEEE 802.11p 标准。数据速率被设置为宽广播的最大值 (IEEE 802.11p 中为 6Mbit/s)，发射功率设置为 100mW，接收器灵敏度设置为 -94dBm。使用了 Friis 自由空间路径损耗传播模型，其中指数 α 被分配的值为 2.0。信标的大小设置为 200bytes，信标的发送周期为 0.1s。对于队列系统，执行器滞后设置为 0.5s，前进时间为 1s。根据提出的延时边界模型，控制器参数 k_a，k_v 和 k_s，分别设置为 0.6，0.4 和 0.2。表 2.1 总结了所有仿真设置。

表 2.1   模拟设置

	频段	5.89GHz
	带宽	10MHz
物理层	发射功率	100mW
	接收灵敏度	-94dBm
	自由空间路径损耗指数 α	2.0
	热噪声	-95dBm
	比特率	6Mbit/s
	竞争窗口	$[15, 1023]$
链路层	时隙时间	13μs
	短帧间隔	32μs
	分布式帧间隔	58μs

续表

信标	信标频率	0.1Hz
	信标大小	200bytes
车队系统	τ	0.5s
	t_d	1s
CACC 控制器	k_a	0.6
	k_v	0.4
	k_s	0.2
	G_{min}	2m

2.5.2 交通场景

在仿真验证中，研究了"加速-巡航-制动"和"正弦"两种场景。在加速-巡航-制动场景中，头车执行速度曲线，包括加速、巡航和制动过程。在正弦场景中，头车执行正弦速度曲线。加速-巡航-制动场景是在高速公路上列队行驶的典型场景，而正弦场景可以提供头车速度扰动的特定频率，这对于验证从拉普拉斯或傅里叶变换获得的传递函数具有物理意义。

一个队列有六辆车在单车道高速公路上行驶。车辆是均匀的，最大加速度为 $2m/s^2$，最大减速度为 $2m/s^2$。在加速-巡航-制动场景中，前方车辆以 30km/h 的速度启动，10s 后以最大加速度加速，然后以大约 100km/h 的速度巡航 30s。最后，领头车辆开始制动，以最大减速度减速，以恢复到 30km/h 的速度。头车的速度和加速度曲线如图 2.10 所示。在正弦场景下，头车首先以 30km/h 的速度巡航，10s 后开始应用摆动速度曲线。振荡频率为 0.04Hz。这种扰动频率是运输流中的典型频率。头车的速度和加速度曲线如图 2.11 所示。

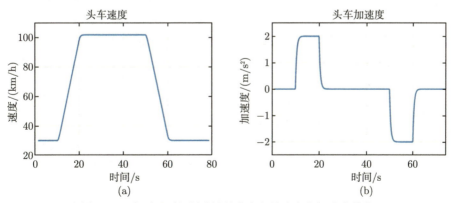

图 2.10 加速-巡航-制动场景中头车的速度和加速度曲线

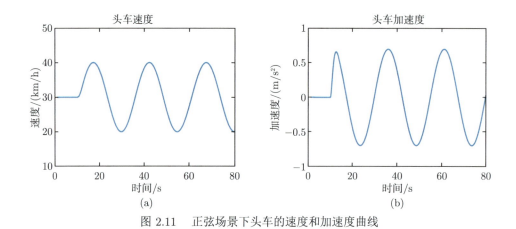

图 2.11   正弦场景下头车的速度和加速度曲线

2.5.3   仿真结果

使用我们的数值方法，控制器的通信延时边界在大约 0.5s 时得到，其中 k_a，k_v 和 k_s 被重新设置为 0.6, 0.4 和 0.2。为了验证所提方法的正确性和准确性，进行了两次仿真，其中通信延时逐渐向得到的边界增加。研究了各种指标，以验证我们的数值方法计算的通信延时边界是否正确和准确。指标包括每辆车的速度、速度误差、间距误差和车头时距。速度误差是前一车辆与后一车辆之间的速度差。间距误差定义为实际间隙与所需间隙之间的差异。所需间隙定义为 $v_i(t) \cdot t_d + G_{\min}$。对于车头时距指标，将显示实时车头时距在预设时间附近波动 (在模拟中设置为 1s)。

1) 案例 1：加速-巡航-制动场景

在这种情况下，队列的头车应用加速-巡航-制动速度曲线。通过这样做，我们可以观察当领先车辆的速度受到干扰时弦稳定性的情况：通过这样做，我们可以观察到在头车速度受到干扰时的车辆队列弦稳定性的情况以及通信延时的边界。如图 2.12(a) 所示，当没有通信延时时，以下车辆可以调整其速度以响应前方车辆的速度扰动。但是，如果通信延时达到 0.2s，则会产生轻微的干扰，如图 2.12(b) 所示。如图 2.12(c) 所示，当通信延时在 0.5s 触及其边界时，速度干扰会恶化。最大的速度振荡由队列的最后一辆车施加。

在图 2.13 中，速度误差的结果清楚地显示了当前方车辆加速和制动时，跟随车辆的速度扰动。如图 2.13(a) 和图 2.13(b) 所示，当通信延时未达到其边界时，可以减轻速度误差的振荡。如图 2.13(c) 所示，当通信延时触及其边界时，后续车辆的速度误差超过其前一辆的速度误差。这意味着速度误差的扰动被放大到队列的上游，因此队列的弦稳定性不能得到保证。

弦稳定性的恶化可以在间距误差的结果中更清楚地显示出来，因为间距误差是速度误差的积分。我们可以看到，当通信延时没有延时或小延时时，间距误差是有限的，如图 2.14(a) 和图 2.14(b) 所示。当通信延时达到其边界时，间距误差显著增加，如图 2.14(c) 所示。而且，后续车辆的间距误差大于前几辆车的间距误差，这表明间距误差被放大到队列的上游。因此无法保证弦稳定性。车头时距的结果也会导致与间距误差得出的结论相似的结论 (图 2.15)。当通信延时触及其边界时，无法控制干扰。

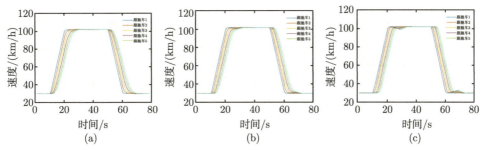

图 2.12　不同通信延时的速度。通信延时为 (a) 0s；(b) 0.2s；(c) 0.5s

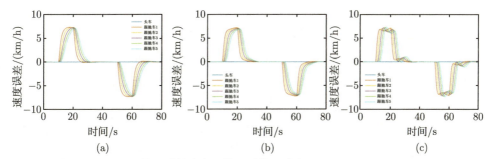

图 2.13　不同通信延时的速度误差。通信延时为 (a) 0s；(b) 0.2s；(c) 0.5s

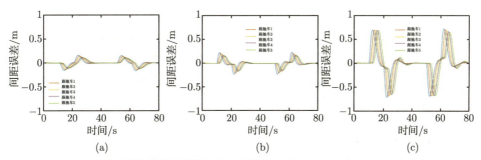

图 2.14　不同通信延时的间距误差。通信延时为 (a) 0s；(b) 0.2s；(c) 0.5s

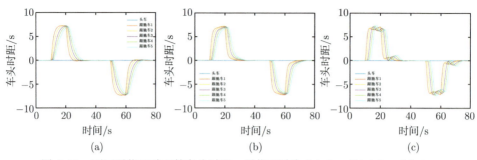

图 2.15   不同通信延时下的车头时距。通信延时为 (a) 0s；(b) 0.2s；(c) 0.5s

2) 案例 2：正弦场景

在这种情况下，队列的头车采用振荡频率为 0.04 Hz 的正弦速度曲线。通过这样做，它可以更清楚地显示队列上游的速度或间距差异。

我们可以观察到，在没有通信延时的情况下，以下车辆的速度被限制在排的上游，如图 2.16(a) 所示。当通信延时达到 0.2s 时，速度仍然可以控制，如图 2.16(b) 所示。但是，当通信延时接近其边界时，不能限制以下车辆的速度，如图 2.16(c) 所示。

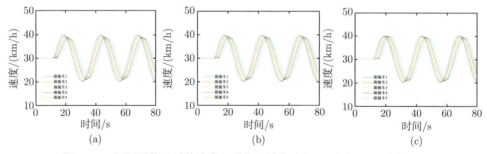

图 2.16   不同通信延时的速度。通信延时为 (a) 0s；(b) 0.2s；(c) 0.5s

值得一提的是，队列的弦稳定性在图 2.16(c) 所示速度数据的第一个峰值处受到阻碍。以下车辆的速度似乎被控制在第二个高峰。这是因为 k_v 和 k_s 项减轻了前方车辆的速度干扰。我们假设 k_v 和 k_s 项没有延时，因此速度放大控制在第二个峰值。但是第一个峰值的速度放大足以导致不稳定或不安全的队列。出于与上述相同的原因，速度误差曲线的第一个峰值清楚地显示了不同通信延时下的弦稳定性。我们可以观察到，当没有延时或只有相对较小的延时时，速度误差受到限制，如图 2.17(a) 和图 2.17(b) 所示。但是，当通信延时触及其边界时，无法减轻以下车辆的速度误差，如图 2.17(c) 所示。间距误差的结果比速度误差的结果更清楚地表明弦稳定性的恶化。我们可以看到，当通信延时在其边界内时，间距误差很小且有限, 如图 2.18(a) 和图 2.18(b) 所示。但是, 如图 2.18(c) 所示, 当通信延时达到其边界时, 间距误差会显著增加。与图 2.18(a) 和图 2.18(b) 相比, 间隙的振荡大大增大。这些结果表明, 通信延时不仅会破坏串的稳定性, 还会威胁到流量的安全。前进时间的结果也指向与间距误差相似的结论。在以下情况下, 无法控制或减轻前进时间的干扰通信延时触及其边界, 如图 2.19 所示。

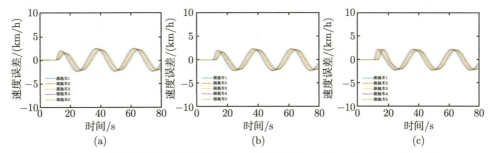

图 2.17 不同通信延时的速度误差。通信延时为 (a) 0s; (b) 0.2s; (c) 0.5s

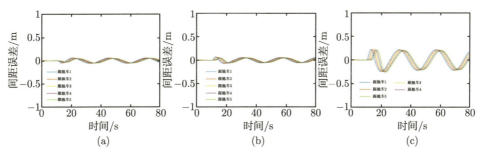

图 2.18 不同通信延时的间距误差。通信延时为 (a) 0s; (b) 0.2s; (c) 0.5s

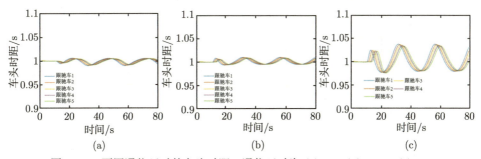

图 2.19 不同通信延时的车头时距。通信延时为 (a) 0s; (b) 0.2s; (c) 0.5s

2.6   结   论

本章提出了一种考虑弦稳定性要求的通信延时边界识别数值方法。首先，根据当前的控制器设置和车辆动力学建立 3D 稳定车身。它表示由 k_a，k_v 和 k_s 组成的弦稳定区域。在指定 k_a 后，获得 2D 稳定表面。据观察，随着通信延时的增加，稳定的表面缩小，直到消失。因此，在这个消失点找到了通信边界。由于使用传递函数构建了三维稳定体和二维稳定表面，无需缩放处理，因此本研究的通信延时边界比以前的研究更准确。通过真实仿真验证了所提方法的性能。结果表明：当通信延时超出边界时，该队列的弦稳定性开始不稳定，交通安全性降低；本研究可以让从业者和工程师确定实时 IVC 系统是否适用于当前的车辆动态系统和控制器的设置。未来，我们将继续研究通信延时对内部稳定性的影响。为此，将探索 3D 稳定体内部控制器的最佳参数，目的是帮助实现更好的交通安全、效率和油耗。

第 3 章 基于 PSO 的控制器增益动态调整方法

3.1 引　　言

网联自动汽车 (connected automated vehicles, CAVs) 由于其缓解交通拥堵、减少交通事故的潜力已经受到了诸多关注。CACC 系统中一串 CAVs 以队列的形式保持一定的速度和间距行驶，队列中车辆通过车载雷达获得相邻车辆的位置和速度信息，通过无线通信获取加速度信息。相比 ACC 系统，CACC 系统通过获取额外的加速度信息以达到缩短车间距，进而改善道路通行效率、减少油耗的目的。针对 CACC 系统，已经设计了许多控制器。然而，最优增益的选择对于这些控制器仍是一项挑战，尤其是在通信延时实时变化的环境中。控制器增益的选择直接决定了队列的串稳定性。串稳定性是车辆队列的一项重要性能指标，它要求扰动不会沿着队列上游的方向扩大。

目前，现有的研究大多是针对单车控制器优化，很少有研究综合考虑队列运行路段的局部交通流特性。事实上，各路段的交通流特性会随着其几何特性、照明条件、布设层级及其他属性变化。如果基于历史数据将该路段的驾驶特征提取出来整合到一组数据中，并基于该综合数据寻找最优控制器增益，得到的增益对于处理各种扰动有望表现出更优的鲁棒性。

此外，现有的控制器增益选取策略大多直接在稳定参数区域内使用一组，该稳定参数区域通过局部稳定及串稳定约束条件获得。然而，该方法仅确保队列是稳定的，并不能定量地描述队列有多稳定。事实上，定量描述队列的稳定性是十分必要的，因为在控制器增益优化过程中，这是必须要考虑的。

为了弥补这些研究缺陷，本章基于 NGSIM 数据集生成一条包含某路段所有车辆频率特征的加速度曲线。该曲线通过对 NGSIM 数据集中 230 辆车的平均加速度频谱做傅里叶逆变换得到。然后，将一个四阶巴特沃斯低通滤波器应用于该曲线，得到角频率仅包含 0~3rad/s 的加速度曲线。此外，为了定量地描述串稳定性，本章通过最小化本车最大间距误差与前车最大间距误差的比值动态地寻找不同通信延时下的最优控制器增益。粒子群算法 (particle swarm optimization, PSO) 被使用来寻找控制器增益的最优解。

本章的主要贡献包括：

(1) 生成一条考虑局部交通流特性的加速度曲线。该曲线通过对 NGSIM 数据集中 230 辆车的平均加速度频谱做傅里叶逆变换得到。

(2) 提出一种串稳定量化指标。该指标不仅能判定队列是否稳定，还能判定队列有多稳定。

(3) 使用一种改进的 PSO 算法动态地寻找最优控制器增益。该改进的 PSO 算法仅耗时 20s，然而，其他类似的工作耗时将近本章的 75 倍。

(4) 执行了三组详细的仿真实验，来验证动态最优增益对串稳定性的影响、评估综合曲线的优势及对比改进 PSO 算法与其他算法的收敛速度。

本章的其余部分组织如下：3.2 节回顾了控制器增益选择的相关工作；3.3 节介绍了本章选取的车辆动力学模型及线性控制器，回顾了通信延时对队列串稳定性的影响；3.4 节介绍了本章的整体架构，并对目标函数的选取、综合曲线的生成方法及最优增益寻找算法做了详细介绍；3.5 节执行了三组详细的仿真实验；3.6 节总结了本章的主要研究内容及未来的研究方法。

3.2　相　关　工　作

作为车辆队列的重要性能，串稳定性已经吸引了大量研究。串稳定性意味着扰动不会沿着队列上游的方向扩大。Sheikholeslam[57] 指出间距误差沿着队列衰减需要传递函数的无穷范数小于等于 1，这意味着间距误差能量的衰减。Swaroop[20] 则更关注间距误差最大幅值的衰减，也就是输出输入的无穷范数之比小于 1。Naus[83] 等推导了频域串稳定的充要条件。Ploeg 等[136] 使用输入输出特性重新定义了线性及非线性系统的串稳定性。冯硕等对不同的稳定性定义做了详细的对比，并指出各种方法的优缺点。

王猛等[75] 研究了控制器增益对同质队列稳定性的影响，结果表明当间距误差权重较小时，增大该权重有助于队列稳定，对于速度误差权重可以得出相似的结论。田彬等[32] 使用变化的三维增益区域反映不同延时情况下增益对稳定性的影响，结果表明较小的加速度权重更有利于保证队列的稳定性。周扬等[135] 评估了增益整定对 l_2-范数串稳定的影响，结果表明通过连续代数 Recatti 方程得到的增益在某些频率范围内可能会导致 $\|G(s)\|_\infty > 1$，然而调整增益后可以实现 l_2-范数稳定。

大多数现有的研究推导了控制器增益的范围，然后在可行域内随机选取一组增益，并没有研究如何选取一组最优增益。周扬等[31] 基于不确定几何和 Hurwitz 准则推导了鲁棒局部稳定条件，并通过拉普拉斯变换和极值定理证明了频域内的串稳定条件。通过仿真实验分析了具有不确定系统动力学和通信延时控制器增益可行区域。结果表明，当考虑不确定的系统动力学和通信延时时，控制增益的可行区域显著减小。Ploeg 等[73] 将间距误差增益、速度误差增益和加速度增益分别设置为 0.2，0.7 和 0，以验证不同条件下 (如不同的车头时距和通信延时) 的队列稳定性。

此外，现有研究大多基于单个 CAV 寻找最优控制器增益。Chehardoli[54] 根据由四个不同频率的正弦波组成的曲线寻找未知参数，并设计了包括最大超调量、稳定时间和内部稳定性的成本函数，以根据相对位置和速度信息搜索 ACC 系统的最佳增益。马等[78] 通过 V2V 通信对前车信息进行采样建立分散控制律，并通过最小化车头时距和控制器传递函数的幅值来优化控制器增益。然而很少有研究考虑局部交通流特性。

此外，上面提到的研究仅仅是定性地描述队列是否稳定，并不能定量地描述队列的稳定程度。本章提出一种稳定性指标，定量地描述队列的稳定程度，该指标为本车与前车的最大间距误差之比，该比值小于 1 时队列稳定，比值越小，队列的稳定性能越优。

3.3　问 题 陈 述

3.3.1　车辆动力学模型

图 3.1 为包含 N 辆车的同质队列，d_i 表示车辆 i 到前车 $i-1$ 的距离，每辆车通过安装于前保险杠的雷达测量到前车的距离，v_i 是车辆 i 的速度。本章中采用前车跟随式拓扑结构，这意味着每辆车可以通过无线通信获得前车的加速度信息。这里，定义集合 I 为 $I = \{i | i \in \mathbb{N}, 1 \leqslant i \leqslant N\}$，其中 $i = 1$ 表示头车。

图 3.1　N 辆车的同质队列

本章的车辆动力学模型如式 (3.1) 所示：

$$\begin{pmatrix} \dot{s}_i \\ \dot{v}_i \\ \dot{a}_i \end{pmatrix} = \begin{pmatrix} v_i \\ a_i \\ -\dfrac{1}{\tau_i} a_i + \dfrac{1}{\tau_i} u_i \end{pmatrix} \tag{3.1}$$

其中，s_i 为车辆 i 的位置，v_i 是车辆 i 的速度，a_i 是车辆 i 的加速度，u_i 是车辆 i 的控制输入，τ_i 是车辆 i 的执行器延时，本章基于同质假设，意味着 $\tau_i = \tau_1, \forall i \in I$。$\tau_1$ 指头车的执行器延时。

3.3.2　控制器选择

相比于非线性控制器，线性控制器结构简单，便于分析，本章选择 Vander-werf 线性控制器研究最优控制器增益对系统不稳定性的补偿效果。该模型在传统的 ACC 模型基础上增加了 V2V 通信功能，考虑前车的加速度、本车与前车的速度误差及间距误差。间距误差是指本车与前车之间的实际间距 d_i 与期望间距 d_i^r 之差。队列中，每辆车的目标都是维持一个距前车的期望间距，本章中，该期望间距采用恒时距策略，即该间距是跟驰车速度的函数：

$$d_i^r(t) = v_i(t) \cdot t_h + d_0 \tag{3.2}$$

其中，d_0 是最小安全距离，t_h 是车头时距。因此，第 i 辆车的间距误差是

$$se_i = d_i(t) - d_i^r(t) = (s_{i-1} - s_i - l_i) - (v_i(t) \cdot t_h + d_0), \quad i > 1, i \in I \tag{3.3}$$

其中，s_i 是车辆 i 后保险杠的位置，l_i 是车辆 i 的车长。假设前车的加速度以一定的延时进行传输，不存在传感器延时，执行器延时为 0.5s。控制器可以被表达为

$$u_i = k_a \cdot a_{i-1}(t - \Delta) + k_v \cdot [v_{i-1}(t) - v_i(t)] + k_s \cdot [d_i(t) - v_i(t)t_h - d_0],$$
$$i > 1, i \in I \tag{3.4}$$

其中，Δ 为通信延时，k_a 是前车加速度的权重，k_v 速度误差的权重，k_s 是间距误差的权重。

3.3.3　通信延时对串稳定性的影响

串稳定性作为队列控制器的基本性能表现，已经被许多学者研究。队列的串稳定性是指扰动沿队列上游的方向衰减。式 (3.5) 常被用来判断队列是否稳定：

$$\|H_i(s)\|_\infty = \sup_{\omega > 0} \left| \frac{SE_i(s)}{SE_{i-1}(s)} \right| \leqslant 1, \quad i > 2, i \in I \tag{3.5}$$

其中，$\|\cdot\|_\infty$ 是指最大赋值，H_i(s) 是系统的传递函数。将式 (3.1) 代入式 (3.4)，等式两边同时微分，并做拉普拉斯变换可以得到式 (3.6)：

$$H_i(s) = \frac{SE_i(s)}{SE_{i-1}(s)} = \frac{k_a s^2 e^{-\Delta s} + k_v s + k_s}{\tau s^3 + s^2 + (k_v + k_s t_h)s + k_s} \tag{3.6}$$

其中，$SE_i(s)$ 是间距误差 $se_i(t)$ 的拉普拉斯变换，$H_i(s)$ 的 ∞-范数是系统输出与输入能量的无穷范数之比，即

$$\|H_i(s)\|_\infty = \sup_{a\in l_2, a_{i-1}\neq 0} \frac{\|se_i(t)\|_2}{\|se_{i-1}(t)\|_2}, \quad i>2, i\in I, \quad t\in[t_0, t_0+t_p] \tag{3.7}$$

其中，$\|\cdot\|_2$ 是指信号的能量，可以表示为

$$\|se_i(t)\|_2 = \left[\int_{t_0}^{t_0+t_p} |se_i(t)|^2 \mathrm{d}t\right]^{1/2} \tag{3.8}$$

当式 (3.7) 小于等于 1 时，队列是 l_2-范数稳定的[83]，这意味着输出信号的能量小于输入信号的能量，它确保了信号的能量沿队列上游方向衰减，然而，它不能确保车辆的稳态间距误差有相同的符号。如果 $se_{i-1}(t)$ 的稳态值是正值，而 $se_i(t)$ 的稳态值是负值，这将是非常危险的。l_∞-范数串稳定作为 l_2-范数串稳定的充分条件被选择作为判稳准则。其中，输出与输入的 ∞-范数可以通过冲击响应的 1-范数联系起来，即

$$\|h(t)\|_1 = \sup_{se\in l_\infty, se_{i-1}\neq 0} \frac{\|se_i(t)\|_\infty}{\|se_{i-1}(t)\|_\infty}, \quad 2<i\leqslant N, \quad t\in[t_0, t_0+t_p] \tag{3.9}$$

其中，$\|\cdot\|_\infty$ 可以表达为

$$\|se_i(t)\|_\infty = \sup_t |se_i(t)| \tag{3.10}$$

当式 (3.9) 小于等于 1，意味着队列 l_∞-范数串稳定。它是指输出信号的最大赋值小于输入信号的最大赋值，其确保了信号的最大赋值沿队列上游衰减，l_2-范数串稳定与 l_∞-范数串稳定的区别及联系如图 3.2 所示。

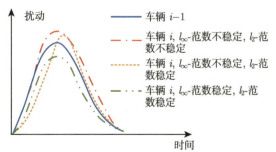

图 3.2　l_2-范数串稳定与 l_∞-范数串稳定的区别及联系[135]

式 (3.9) 小于等于 1 时，可以写为式 (3.11)[26]

$$\|H(s)\|_\infty \leqslant 1, h(t)>0, \quad \forall t>0 \tag{3.11}$$

为了清楚地表达串稳定性与控制器增益之间的联系，将式 (3.11) 继续写成式 (3.12) 的形式：

$$
\begin{cases}
\tau^2\omega^6 + \left[1 - 2(k_v + k_s t_h)\tau - k_a^2 - 2k_v k_a \Delta\right]\omega^4 \\
+ \left[(k_v + k_s t_h)^2 - 2k_s - k_v^2 - 2k_a k_s\right]\omega^2 \geqslant 0, \\
h(t) > 0, \forall t > 0
\end{cases}
\tag{3.12}
$$

当通信延时增大时，如果不及时调整控制器增益，式 (3.12) 将不再成立，队列的串稳定性被破坏。为了直观地分析通信延时对队列串稳定性的影响，这里分别在通信延时为 0s、0.1s 和 0.2s 三组条件下进行了仿真实验。头车先匀速运动 10s，然后加速度以 0.04Hz 的正弦变化持续 90s，三组实验中控制器增益相同。

图 3.3 中，控制器在完美通信条件下表现出最好的性能。图 3.3(a) 至图 3.3(c) 中，车辆速度、加速度和间距误差沿着队列上游的方向被很好地镇压。

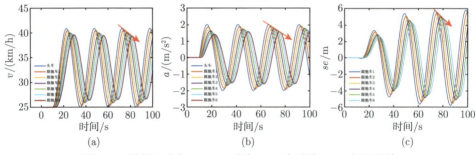

图 3.3　通信延时为 0s。(a) 速度；(b) 加速度；(c) 间距误差

当通信延时增大至 0.1s，速度、加速度和间距误差的幅值在 80s～100s 处几乎没有表现出衰减特征，此时，队列处于临界稳定状态，如图 3.4 所示。

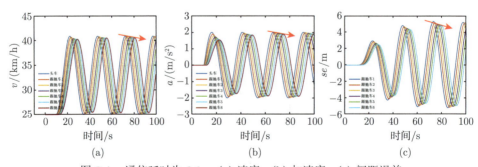

图 3.4　通信延时为 0.1s。(a) 速度；(b) 加速度；(c) 间距误差

当通信延时达到 0.2s 时，速度、加速度和间距误差的幅值沿着队列上游被逐

渐放大，如图 3.5 所示，此时，队列表现出不稳定性。这意味着此时控制器增益失效，因此，控制器增益必须被及时整定确保式 (3.12) 继续成立。

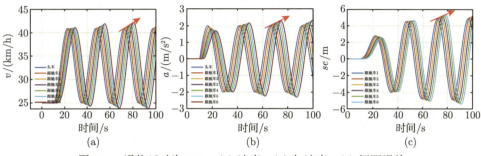

图 3.5   通信延时为 0.2s。(a) 速度；(b) 加速度；(c) 间距误差

3.4   方　法　论

3.4.1   整体架构

为了评估合成曲线产生的动态最优控制器增益对串稳定性的影响，我们需要完成三个任务：① 确定目标函数以求得所选控制器的最优增益；② 选择具有代表性的前车加速度曲线进行仿真验证；③ 选择快速优化算法动态确定最优增益，其整体框架如图 3.6 所示。

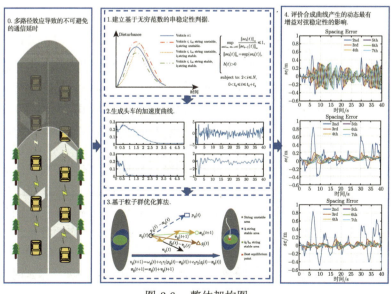

图 3.6   整体架构图

对于任务一，本车与前车间距误差无穷范数之比被使用来决定控制器的最优增益；对于任务二，为了将 NGSIM 中所有车辆的加速度特征整合到一条曲线，我们对 NGSIM 数据集中多辆车的加速度频谱求均值再进行快速傅里叶逆变换，通过一个四阶的巴特沃斯低通滤波器得到一条角频率仅包含 0~3rad/s 的综合曲线；对于任务三，由于粒子群算法独一无二的信息共享机制，能够迅速收敛到最优解，此外，其原理简单、参数较少、易于执行，本章选择粒子群算法寻找最优控制器增益。

3.4.2　目标函数

本章中，使用式 (3.13) 作为目标函数选择控制器最优增益。根据串稳定的特性，我们希望间距误差沿着队列上游的方向衰减，将目标函数表达为

$$
\begin{cases}
\min & \sup\limits_{se\in l_\infty, se_{i-1}\neq 0} \dfrac{\|se_i(t)\|_\infty}{\|se_{i-1}(t)\|_\infty}, \\
\text{s.t.} & 2 < i \leqslant N, \\
& t_0 \leqslant t \leqslant t_0 + t_p, \\
& 0 < k_a < 1, \\
& 0 < k_v < 1, \\
& 1 < k_s < 3
\end{cases}
\tag{3.13}
$$

上式是确保队列稳定的时域指标，小于 1 意味着扰动沿队列上游方向衰减，队列稳定。

3.4.3　生成头车加速度曲线

为了选择一条有代表性的头车曲线，我们对 NGSIM 数据集中加速度的频谱进行了研究，结果表明，每辆车的加速度频谱趋势很相似，只是在各个频率的幅值不同。为了整合道路上所有车的频谱，首先计算 US101-0750am-0805am 路段 230 辆车加速度频谱的均值，当再增加车辆的数量时，平均频谱在各个频率的幅值变化不会超过 10^{-3}，此时该车辆数量被确定。然后，对该平均频谱求快速傅里叶逆变换得到一条综合加速度曲线。最后，将一个四阶的巴特沃斯低通滤波器应用于该曲线，得到一条角频率在 0~3rad/s 范围内的曲线，并将该曲线作用于队列头车。该过程如图 3.7 所示，"error_max" 是指 M 辆车和 $M-1$ 辆车的平均频谱在各个频率点幅值误差的最大值。230 辆车的加速度平均频谱及其对应的时域曲线如图 3.8 所示。

本研究中，队列包含 4 辆同质车辆，假设车辆有 0.5s 的执行器延时，车头时距时 0.8s，详细的参数配置见表 3.1。

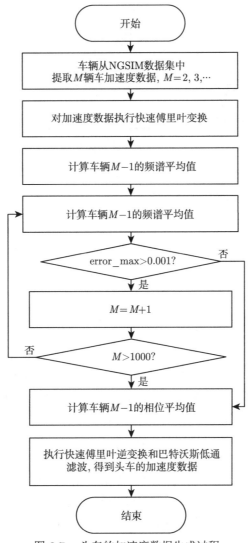

图 3.7　头车的加速度数据生成过程

表 3.1　仿真设置

名称	参数值
车辆长度	4 m
静止距离	2 m
车辆间初始间距	7.56 m
执行器延时	0.5 s
车头时距	0.8 s

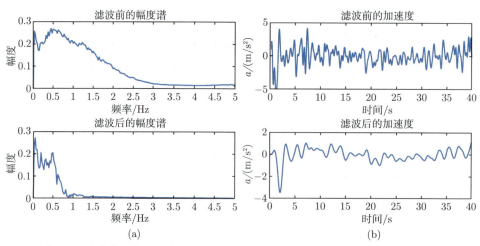

图 3.8　滤波前后的加速度。(a) 230 辆车的加速度平均频谱；(b) 加速度曲线

3.4.4　基于改进粒子群的增益整定算法

为了确保队列的稳定性，我们希望间距误差沿着队列上游的方向衰减，本章通过最小化本车与前车 l_∞-无穷范数的比值来寻找最优控制器增益。该优化问题属于多约束优化问题，且目标函数是非线性函数，很难用传统的分析方法解决，粒子群算法作为一种成熟的优化算法，能够有效解决该类问题。本章使用改进的粒子群算法在稳定区域内寻找最优增益，采用非线性递减惯性权重来改善算法的局部及全局收敛能力。

详细的算法流程如图 3.9 所示。首先，初始化一组随机粒子，每个粒子代表一个潜在的最优解，有其位置和速度信息，位置是三维的，包含 k_a，k_v 和 k_s，种群大小为 100。其次，计算每个粒子的适应度值，其计算方法如式 (3.13) 所示，粒子通过个体最优和全局最优不断更新其位置和速度信息，当迭代次数达到 200 时，算法结束。粒子的位置和速度更新公式如式 (3.14) 和 (3.15) 所示。

$$v_{ij}\left(t+1\right) = \omega v_{ij}\left(t\right) + c_1 r_1 \left(p_{ij}\left(t\right) - x_{ij}\left(t\right)\right) + c_2 r_2 \left(g_j\left(t\right) - x_{ij}\left(t\right)\right) \quad (3.14)$$

$$x_{ij}\left(t+1\right) = x_{ij}\left(t\right) + v_{ij}\left(t+1\right) \quad (3.15)$$

其中，ω 为惯性权重，c_1 为自我学习因子，其值为 1.49，c_2 为全局学习因子，其值为 1.49，r_1 和 r_2 是 0~1 之间的随机数。

本章中，ω 被定义为式 (3.16) 所示的非线性递减函数，来平衡算法的全局和局部搜索能力。

$$\omega(k) = \omega_{\text{start}} - (\omega_{\text{start}} - \omega_{\text{end}})(2k/T_{\max} - (k/T_{\max})^2) \quad (3.16)$$

其中，ω_{start} 是初始惯性权重，为 0.9，ω_{end} 是最终惯性权重，为 0.4，k 是当前迭代次数，T_{max} 是最终迭代次数。式 (3.16) 中，ω 与当前迭代次数相关，在迭代初期，较大的 ω 有利于全局搜索，随着迭代次数增大，ω 逐渐减小有利于局部搜索。

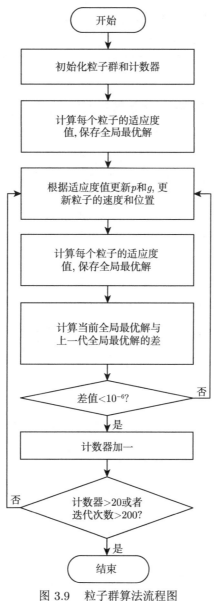

图 3.9　粒子群算法流程图

3.5　实　验　仿　真

为了验证 3.4 节中描述的方法，使用 MATLAB 进行了三个实验。第一个实验比较了三种增益对队列串稳定性的影响，旨在说明本章所提出的增益整定方法的必要性。第二组实验比较了 230 辆车加速度曲线作为输入信号在两种不同动态最优增益下的队列串稳定程度，验证了所提出的考虑局部交通流特性的综合前车曲线的优越性。第三个实验评估了三种优化方法的收敛速度和耗时，旨在选择较快的优化算法。

3.5.1　静态参考增益和两种动态最优增益的定性对比实验

本实验中，我们在不同通信延时条件下对比了三种控制器增益对应的稳定性，分别是静态参考增益、基于正弦曲线找到的动态最优增益和基于综合曲线找到的动态最优增益。动态最优增益意味着增益随着通信延时的变化不断调整，而静态增益则意味着增益固定，该静态增益为正弦曲线在完美通信条件下对应的最优增益。实验中，头车的加速度曲线为 NGSIM 数据集中一条 40 s 内包含 16 个加速减速操作的曲线，其仿真结果如图 3.10 ～ 图 3.15 所示。

图 3.10～ 图 3.11 展示的是通信延时为 0.1s 时的仿真结果。图 3.10(a) 到图 3.10(c) 分别表示了三种增益的间距误差。结果表明，沿车队上游方向，间距误差得到了抑制。图 3.10(d) 为三种增益下尾车间距误差对比图。结果表明，在综合曲线产生的动态最优增益下，尾车间距误差的波动幅度几乎为零。这意味着基于合成曲线找到的动态最优增益对抑制队列扰动效果显著。图 3.11 得出了与图 3.10 相似的结论。动态最优增益对应的加速度衰减明显优于静态参考增益。

图 3.12～ 图 3.13 是通信延时为 0.15s 时，三种增益对应的队列串稳定性比较。图 3.12 显示了队列的间距误差。在图 3.12(a) 中，从 15s 到 18s 有一个明显的超调，然而，在图 3.12(b) 和图 3.12(c) 中，间距误差沿队列上游表现出完美的衰减特性。图 3.12(d) 给出了三种增益下的尾车间距误差。结果表明，基于综合曲线产生的动态最优增益对应的尾车间距误差波动幅度最小，基于正弦曲线产生的静态参考增益对应幅度最大。图 3.13 给出了三种增益对应的加速度曲线，可以得出与图 3.11 类似的结论。

当通信延时增加到 0.2s 时，间距误差与加速度的对比结果如图 3.14～ 图 3.15 所示。图 3.14(a) 为正弦曲线产生的静态参考增益对应的间距误差。可以看出，波形在 10s 到 15s 内有明显的过冲。然而，在图 3.14(b) 和图 3.14(c) 中，使用动态最优增益消除了这一现象。图 3.14(d) 为三种增益下的尾车间距误差。类似的结论可以在图 3.12 中找到。图 3.15 显示了三种增益对应的加速度曲线。

三种增益下不同通信延时对应的尾车间距误差的均值见表 3.2。结果表明，综合曲线所产生的动态最优增益对应的尾车间距误差均值最小，这进一步证实了所合成的车辆加速度曲线包含丰富的局部交通特征信息，所产生的增益对不确定的通信延时和真实环境具有更好的鲁棒性。

表 3.2　尾车间距误差的均值

延时/s	尾车间距误差的均值/m		
	正弦曲线生成的静态参考增益	正弦曲线生成的动态最优增益	综合曲线生成的动态最优增益
0.1	0.0146	0.0135	0.0064
0.15	0.0401	0.0215	0.0115
0.2	0.0934	0.0336	0.0196

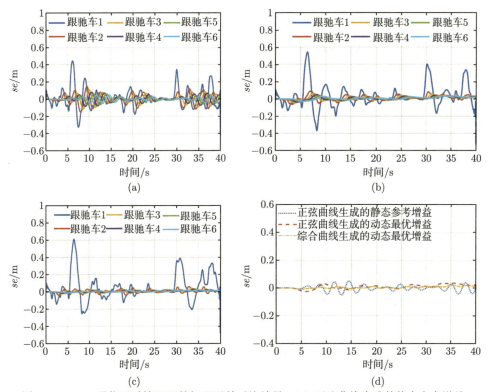

图 3.10　0.1s 通信延时情况下的间距误差对比结果。(a) 正弦曲线生成的静态参考增益；(b) 正弦曲线生成的动态最优增益；(c) 综合曲线生成的动态最优增益；(d) 三种增益对应的尾车间距误差

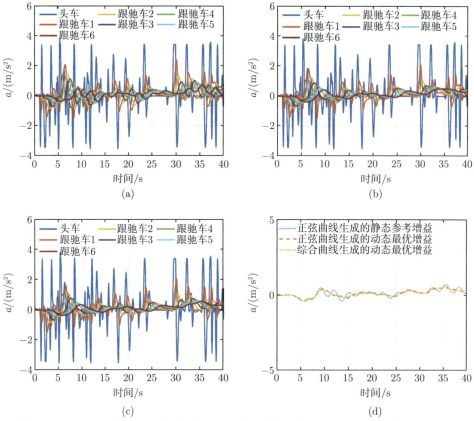

图 3.11　0.1 s 通信延时情况下的加速度对比结果。(a) 正弦曲线生成的静态参考增益；(b) 正弦曲线生成的动态最优增益；(c) 综合曲线生成的动态最优增益；(d) 三种增益对应的尾车加速度

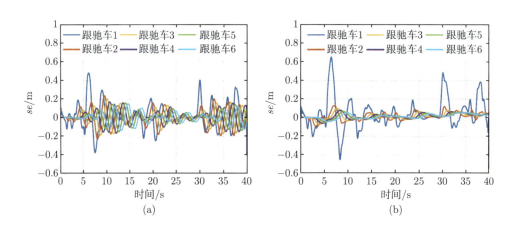

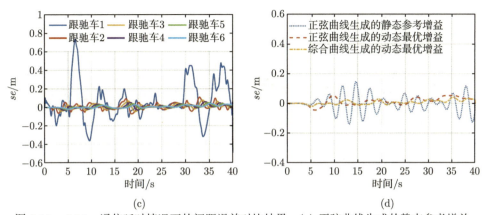

(c)   (d)

图 3.12   0.15 s 通信延时情况下的间距误差对比结果。(a) 正弦曲线生成的静态参考增益；
(b) 正弦曲线生成的动态最优增益；(c) 综合曲线生成的动态最优增益；(d) 三种增益对应的尾
车间距误差

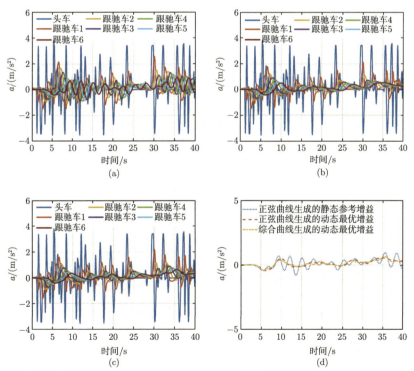

图 3.13   0.15s 通信延时情况下的加速度对比结果。(a) 正弦曲线生成的静态参考增益；
(b) 正弦曲线生成的动态最优增益；(c) 综合曲线生成的动态最优增益；(d) 三种增益对应的尾
车加速度

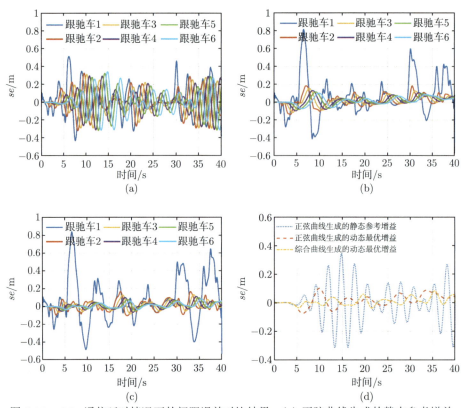

图 3.14　0.2s 通信延时情况下的间距误差对比结果。(a) 正弦曲线生成的静态参考增益；(b) 正弦曲线生成的动态最优增益；(c) 综合曲线生成的动态最优增益；(d) 三种增益对应的尾车间距误差

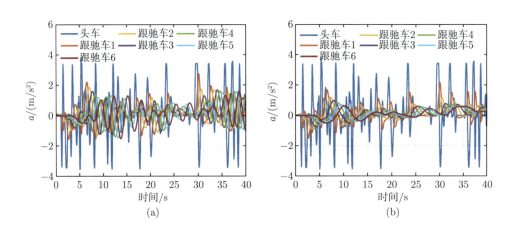

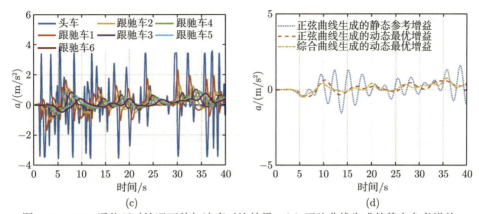

图 3.15　0.2s 通信延时情况下的加速度对比结果。(a) 正弦曲线生成的静态参考增益；(b) 正弦曲线生成的动态最优增益；(c) 综合曲线生成的动态最优增益；(d) 三种增益对应的尾车加速度

3.5.2　基于正弦曲线和综合曲线找到的最优增益的定量对比实验

在本实验中，我们旨在定量评估所提出的综合曲线的性能。为此，我们定义了一个指标，即串稳定性指标 (string stability index，SSI) 来量化 CACC 队列的稳定程度，如式 (3.17) 所示：

$$\text{SSI}_i = \frac{\max |se_i(t)|}{\max |se_{i-1}(t)|}, \quad t \in (0, t], \quad i > 2, i \in I \tag{3.17}$$

其中，$se_i(t)$ 和 $se_{i-1}(t)$ 分别是本车和前车的间距误差。当 SSI 小于 1 时，队列是串稳定的，SSI 越小，扰动沿队列上游方向被抑制的效果越好；而当 SSI 接近 1 时，说明队列处于临界稳定状态，有较差的鲁棒性。

为了验证所提方法的有效性，我们进行了两组仿真。一组是基于合成曲线找到的动态最优增益进行的仿真，如图 3.16 所示；另一组是基于正弦曲线找到的动态最优增益，如图 3.17 所示。在每组中，我们分别在 0.1s，0.15s，0.2s 的通信延时下，以 230 条单车加速度曲线作为 CACC 控制器的输入信号，重复计算该队列的 SSI。为了直观地展示不同控制器增益下队列的串稳定性，本节使用 SSI_7 量化 CACC 的串稳定程度。仿真结果如图 3.16 和图 3.17 所示。

图 3.16(a) 展示了通信延时为 0.1s 时的 SSI_7。在 2s 处 SSI_7 接近于零，这是因为队列中尾部车辆的间距误差在仿真 2s 后开始波动，而前车的间距误差已经比较大。尾车与前车的最大间距误差不断刷新，SSI_7 不断波动，直到最大间距误差固定。SSI_7 总是小于 1，这意味着在 230 轮仿真中，队列是稳定的。随着通信延时的增大，SSI_7 整体上逐渐接近 1，如图 3.16(b)、图 3.16(c) 所示，说

明队列逐渐进入临界稳定状态。图 3.17 显示了与图 3.16 相似的结果。图 3.18 比较了两种动态最优增益的平均 SSI_7。结果表明，在获得动态最优增益时，合成曲线产生的平均 SSI_7 更小，这意味着合成曲线产生的动态最优增益可以保证更好的串稳定性，再次证明了基于局部流量特征的动态增益具有良好的鲁棒性。

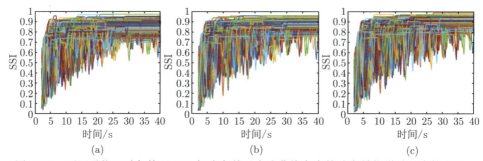

图 3.16　不同通信延时条件下 230 辆头车基于合成曲线产生的动态最优增益对应的 SSI_7。
(a) 0.1s；(b) 0.15s；(c) 0.2s

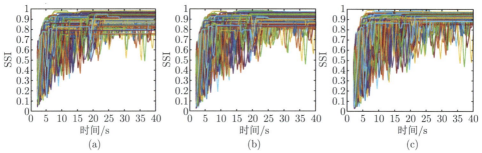

图 3.17　不同通信延时条件下 230 辆头车基于正弦曲线产生的动态最优增益对应的 SSI_7。
(a) 0.1s；(b) 0.15s；(c) 0.2s

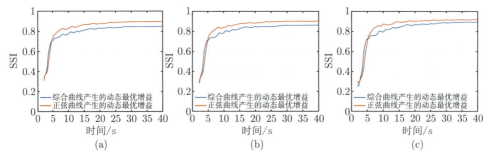

图 3.18　不同通信延时条件下 230 辆头车基于两种曲线产生的动态最优增益对应的 SSI_7 的均值。(a) 0.1s；(b) 0.15s；(c) 0.2s

3.5.3 不同优化算法的对比实验

在这个实验中，我们评估了改进的 PSO，PSO 工具箱和 GA 的收敛速度，利用它们确定不同通信延时下控制器的最优增益。仿真步长为 0.01s，通信延时分别为 0.1s，0.15s，0.2s。最优增益和适应度值的收敛过程如图 3.19～图 3.21 所示。

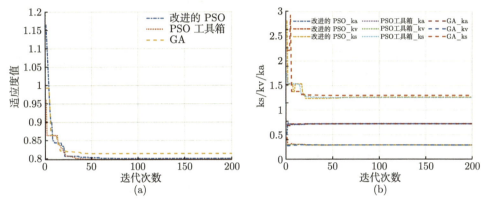

图 3.19　通信延时为 0.1s 时的增益优化结果。(a) 适应度值；(b) 控制器增益

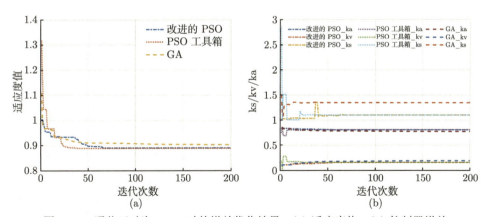

图 3.20　通信延时为 0.15s 时的增益优化结果。(a) 适应度值；(b) 控制器增益

图 3.19 给出了通信延时为 0.1s 时三种算法的收敛结果。在图 3.19(a) 中，改进后的 PSO 和 PSO 工具箱的适应度值小于 GA，改进的 PSO 耗时最短，为 21.7s，PSO 工具箱耗时 35.6s，GA 耗时 27.5s，如表 3.3 所示。显然，改进的 PSO 算法收敛速度更快，虽然直到第 96 代才收敛。值得注意的是，适应度值小于 1，意味着扰动在队伍上游方向衰减。图 3.19(b) 给出了三种方法的最优增益，可以得出与图 3.19(a) 类似的结论。

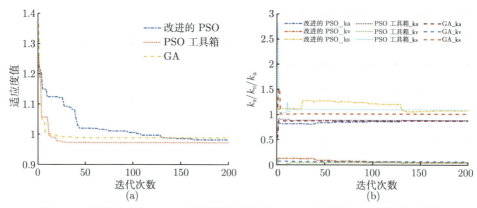

图 3.21　通信延时为 0.2 s 时的增益优化结果。(a) 适应度值；(b) 控制器增益

表 **3.3**　不同延时情况下的最优增益

延时	k_s	k_v	k_a	$\min |h(t)|_1$	改进的 PSO		GA		PSO 工具箱	
					时间	迭代次数	时间	迭代次数	时间	迭代次数
0.1s	1.2532	0.2899	0.7233	0.798	21.7s	96	27.5s	76	35.6s	93
0.15s	1.1003	0.1604	0.8072	0.8884	17.1s	91	72.1s	200	32.9s	89
0.2s	1.0968	0.0412	0.8829	0.9730	41.3s	183	41.4s	114	28.4s	76

　　在通信延时为 0.15s 时，三种方法的收敛速度如图 3.20 所示。在图 3.20(a) 中，改进的 PSO 和 PSO 工具箱搜索到的适应度值也比 GA 搜索到的适应度值小。图 3.20(b) 显示了三种方法得到的最优增益，结果表明 GA 得到的速度增益明显大于其他两种方法，这与图 3.20(a) 的结果相对应，这意味着 GA 陷入了次优解决方案。同时，改进的 PSO 算法耗时为 17.1s，几乎是 PSO 工具箱耗时的一半。

　　通信延时为 0.2s 时的仿真结果如图 3.21 所示。在图 3.21(a) 中，PSO 工具箱收敛到最小适应度值，GA 最终适应度值最大。在图 3.21(b) 中，PSO 工具箱的增益和改进的 PSO 工具箱的增益最终收敛到几乎相同的值。在时间消耗方面，PSO 工具箱比其他两种方法都要短。

　　表 3.3 中列出了不同通信延时下的最优增益、适应度值、优化时间和迭代次数。总的来说，改进的 PSO 算法所需时间最短，特别是当通信延时较低时，仅为 20s 左右，而 Ma 等的研究工作需要 1500s 以上[78]，这在一定程度上意味着改进的 PSO 算法在在线优化方面更具优势。需要注意的是，所有仿真实验都是在配置 Intel i5-8250U CPU 和 4 GB DDR3 RAM 的笔记本电脑上进行的。如果使用带有硬件加速器的高性能计算机或工业工作站，则收敛速度可能更快。

　　另外，随着通信延时的增加，适应度值逐渐增大，即最优增益抑制干扰的能力变弱。然而，即使通信延时增加到 0.2s，适应度值也不会超过 1，这意味着最优增益仍然可以确保扰动沿着队列上游方向衰减。

3.6 本章小结

本章提出了一种 CACC 最优增益动态搜索的算法框架。在提出的框架中，通过对 NGSIM 数据集中的一组车辆轨迹的加速度谱均值进行快速傅里叶逆变换，生成一条考虑局部交通流特征的前车加速度曲线。然后，选择输出信号 (本车间距误差) 与输入信号 (前车间距误差) 的无穷范数的商作为目标函数，利用改进的 PSO 算法对控制器的增益进行整定。最后，提出一种新的 SSI 指标来量化队列稳定性程度。

为验证所提算法框架，进行了三组仿真实验。第一个实验比较了三种增益对具有通信延时的队列串稳定性的影响。结果表明，合成曲线产生的动态最优增益达到最佳性能。在第二个实验中，定量地验证了所提出的动态增益调整算法的性能。结果表明，在获得动态最优增益时，合成曲线对应的 SSI 更小。这意味着基于考虑局部交通特性的综合曲线所产生的动态最优增益可以保证车队在指定路段上运行时具有更好的串稳定性。第三组实验评估了改进后的 PSO 算法的收敛速度。实验结果表明，与 PSO 工具箱和 GA 算法相比，改进的 PSO 算法具有更快的收敛速度，可以进行在线应用。

在今后的工作中，我们将进一步研究通信延时达到上界后保证串稳定性的切换策略，所提出的框架为未来的研究提供了重要的基础。

第 4 章　基于 LSTM 的加速度信息重构方法

4.1　引　　言

协同自适应巡航控制 (CACC) 是一种用于车队系统的增强型车辆跟驰模式，在该模式下，根据前车的动态特性自动控制后车[3,15,118,134]。纵向控制策略用于保持两辆连续车辆之间的期望距离和相对速度[58,136]。为了实现 CACC，车载雷达传感器被用来测量车间距和相对速度[91]。此外，关于前方车辆的附加信息，例如加速度，通过车辆间无线通信传输[83]。因此，与传统的仅使用雷达传感器[32] 的自适应巡航控制 (ACC) 相比，CACC 具有更快的对后续车辆的反应时间。因此，在保证串稳定性[126] 的情况下，使用 CACC 的队列可以获得更短的车头时距。稳定性是线性时不变 (LTI) 系统的基本要求，对于车辆队列，领头车辆的动态扰动应该从车辆朝着上游方向被减轻，这被定义为队列的串稳定性[85,83]，车队稳定性对于车队系统中车辆的安全至关重要[137]。

然而，CACC 容易受到由无线信道中的延时和数据包丢失引起的通信延时的影响[120,131]。无线通信容易受到复杂交通环境的影响，如电磁波的多径效应、交通密度、电子噪声、建筑障碍、隧道、绿色植被等[138,139]。因此，通过无线通信传输的信息获得了相位滞后，这削弱了队列系统的串稳定性[131,140]。因此，需要对通信延时进行补偿。一些研究集中在这个问题上，例如，Singer 加速度模型通过使用车载传感器的数据来估计前方车辆的加速度[141]。史密斯预测器应用于主从 CACC 架构，以补偿通信延时[126]。

目前，据我们所知，还没有研究使用人工智能 (AI) 技术来解决这个问题。在我们之前的研究[4] 中使用了该技术来预测油耗，其中加速度是油耗预测的一个关键变量。这一特性启发了 AI 技术的使用，以预测前面车辆的加速度，然后补偿 CACC 队列的通信延时。长短期记忆 (LSTM) 神经网络是一种有效的神经网络，用于预测、信息分类和基于时间序列数据的处理[142,143]。LSTM 可以在更长的时间跨度内捕捉时间序列的特征，并解决在训练传统的递归神经网络 (RNNs) 时可能遇到的消失梯度问题。因此，与 RNNs 相比，LSTM 对数据的间隙长度相对不敏感[144]。此外，LSTM 在无界计数上表现出比门控递归单元 (GRUs) 更好的性能[145]。

在本研究中，来自雷达传感器的信息也是时间序列数据。因此，当无线通信质量不足时，建议使用 LSTM 神经网络模型来预测前方车辆的加速度。这个提议被称为 LSTM 控制，当无线通信恶化时，它使用预测数据而不是延时数据。这种方法保证了队列的串稳定性，在 CACC 队列取得了优异的成绩。

本研究的主要贡献总结如下：

(1) 在恒定时间间隙 (CTG) 控制中调整 LSTM 模型，以预测前方车辆的加速度。

(2) 定义了一个切换阈值，以确定何时使用 CACC 或 ACC 模式。

(3) 根据 NGSIM 数据进行模拟，以评估 LSTM 控制的性能。

本章的其余部分组织如下：4.2 节介绍了关于纵向控制、串稳定性和 CACC 通信延时解决方案的相关工作。4.3 节阐述了 CACC 易受通信延时影响的问题。这些描述还包括车辆动力学、原始控制和串稳定性标准。这项研究的主要概念在 4.4 节中阐述。LSTM 模型被调整用于 CTG 控制，以补偿通信延时对串稳定性的影响。基于 NGSIM 数据进行仿真以评估所提出的控制策略的性能，4.5 节对此进行了详细说明。

4.2　相　关　工　作

在文献中，对于纵向 CACC 有两种间隔策略：恒定间距和恒定时间间距。PATH 项目的专家提出了一个恒定间距策略。典型的控制策略是滑动面方法[48]。随后，提出了一种恒定时间间隔策略来提高控制器对串稳定性的鲁棒性。一项早期研究，在本章中称为"原始控制"，提出将前车的加速度附加到典型的 ACC 反馈控制器，作为前馈设置，以实现 CACC 功能[58]。ACC 控制器提供了一个标准的比例微分 (PD) 控制，考虑了前后车辆之间的速度和间距差异[146]。原始控制的设计很简单，但是最小时间间隔相对较大。因此，Ploeg 等提出了一种 CACC 控制策略，在保证串稳定性的同时减少了时间间隔[136]。在 Ploeg 的控制策略中，前车的加速度也是通过无线通信获得的。与原始控制相比，Ploeg 等设计了一种控制律，在补偿前车加速度的同时稳定误差动态，从而实现更短的时间间隔。

对于 CACC 的早期通信延时工作，Swaroop 进行了纵向控制和串稳定性分析的基础工作[48]。在此基础上，他讨论了滑动面控制器对执行器/信号处理滞后的鲁棒性。随后，Liu 等研究了通信延时对具有滑动表面控制的串稳定性的影响，其中构建了特定的网络拓扑来传输领航者和前车的信息[88]。然而，该研究中的通信延时是指车辆间通信路由协议的时隙。

近年来，研究主要集中在四种方法上：分散线性控制[147]、网络感知策略[131,148]、模型预测控制 (MPC)[149,150]、切换机制[39,141,132]。

关于分散线性控制的工作使用反馈和前馈特征来设计各种策略, 以抑制通信延时对串稳定性的影响。De Oliveira Souza 等提出了一种分散控制律, 以提供零稳态编队误差, 通信延时得到补偿, 同时确保串稳定性[147]。Gao 等提出了一种 H_∞ 控制方法, 用于具有不确定车辆动力学和一致通信延时的异类车辆队列[131]。Xing 等提出了一种 Smith 预估器来补偿基于主从架构的通信延时[126]。Molnár 等应用有限频谱分配 (FSA) 技术来设计预测反馈控制策略, 估计前面车辆的速度和距离, 以减轻由于分组丢失引起的时间延时的影响[151]。

网络感知策略紧密集成了控制系统和车辆网络的服务质量 (QoS), 以保证串稳定性[152]。Zeng 等将无线网络的控制系统和质量整合在一起, 设计了一个新的框架, 其中无线网络的延时和车辆控制系统的稳定性被共同考虑[148]。Di Bernardo 等提出了一种共识策略来缓解串稳定性问题, 其中车队被视为受时变异构通信延时影响的动态网络[133]。

模型预测控制具有补偿通信延时的固有特性, 因为它在有限的时间范围内实现了最优控制[153]。例如, Zhang 等提出了一种基于最优控制的 CACC 系统, 该系统对通信故障具有鲁棒性。因此, 车队成员之间的最小时间间隔减少, 这能实现更好的交通效率[154]。然而, 由于优化过程, MPC 的串稳定行为很难建模。

切换机制根据当前通信延时, 采用切换标准来选择合适的控制模式或控制法则。Harfouch 等提出了一种自适应切换控制策略, 根据通信可靠性激活增强 CACC 模式[39,132]。Ploeg 等提出使用 Singer 加速度模型, 通过使用车载雷达传感器的测量数据来估计前方车辆的加速度, 提出了一个切换标准来验证 CACC 或 ACC 模式[141]。

与以前的文献相比, 这项研究的主要重点是使用人工智能 (AI) 技术来补偿通信延时, 同时保持队列的串稳定性。目前, 神经网络模型的出色性能已经过测试, 可以预测交通运输中的燃料消耗。例如, Xu 等开发了一个广义回归神经网络 (GRNN) 模型, 以隐含地建立卡车油耗和卡车司机驾驶行为之间的关系[4]。Wu 等提出了一种使用反向传播神经网络[155] 和径向基函数 (RBF) 神经网络[156] 的车辆燃料消耗预测系统。

因此, 这些贡献激发了人工智能技术在当前研究中的应用, 以预测 CACC 前车的加速度, LSTM、RNN 和 GRU 是执行此任务的可选方法。RNN 是传统的门控机制, 但它通常会遇到消失梯度问题[144]。GRU 具有与 LSTM 类似的架构, 但它缺少旨在减少计算负担的输出门。同时, 与 LSTM 相比, GRU 的预测性能也有所下降[157]。LSTM 通过捕捉较长短期跨度内的时间序列数据的特征来执行时间序列预测[142,143]。这一特性很好地满足了加速度预测的要求, 其中使用了来自雷达传感器的一系列位置和速度数据。因此, 选择 LSTM 来减轻通信延时对 CACC 队列性能的影响。为了验证这一决定, 使用 5.3 节中的 NGSIM 数据评估了 LSTM、RNNs 和 GRUs 的预测精度。

在 CACC LSTM、RNN 和 GRU 中放弃车辆是执行此任务的可选方法。RNN 是传统的门控机制，但它通常会遇到梯度消失问题[144]。GRU 具有与 LSTM 相似的架构，但它缺少旨在减少计算负担的输出门。然而，与 LSTM[157] 相比，GRU 的预测性能也有所下降。LSTM 通过在较长的短期跨度内捕获时间序列数据的特征来执行时间序列预测[143,142]。这一特性很好地满足了加速度预测的要求，其中使用了来自雷达传感器的一系列位置和速度数据。因此，选择 LSTM 来减轻通信延时对 CACC 车队性能的影响。为了验证这个决定，LSTM、RNN 和 GRU 的预测精度在 5.3 节中使用 NGSIM 数据进行了评估。

4.3　问题陈述

CACC 队列系统如图 4.1 所示，其中 d_i 为车辆 i 与其前车之间的距离，d_{i+1} 为车辆 $i+1$ 与其前车 i 之间的距离；v_{i+1}，v_i 和 v_{i-1} 分别是车辆 $i+1$，i 和 $i-1$ 的速度；并且 $v_i \times t_d + G_{\min}$ 是车辆 i 和其前车 $i-1$ 之间的期望间隙。

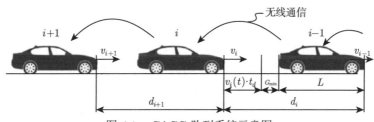

图 4.1　CACC 队列系统示意图

在这项研究中，使用遵循网络拓扑 (SPF) 的单个前身来传输信息。这也称为单车前瞻拓扑[141]。后车仅通过无线通信使用其最近的前车的加速度。此外，每次传输的通信延时都是相同的，尽管延时在现实中可能会有所不同。为了强调通信延时的研究，假设雷达传感器测量的数据是准确的并且没有传感延时。

4.3.1　车辆动力学模型

车辆动态定义为 $X_i = (s_i, v_i, a_i)^{\mathrm{T}}$，其中 s_i，v_i 和 a_i 分别指代车辆 i 的位置、速度和加速度。随后，采用线性纵向车辆动力学模型来制定后续车辆的动力学，如方程式 (4.1) 所示。为了简洁起见，删除了时间索引。

$$\dot{X}_i = A_i \cdot X_i + B_i \cdot U_i \tag{4.1}$$

当 $A_i = \begin{pmatrix} 0 & 1 & 0 \\ 0 & 0 & 1 \\ 0 & 0 & -1/\tau_i \end{pmatrix}$, $B_i = \begin{pmatrix} 0 \\ 0 \\ -1/\tau_i \end{pmatrix}$, $U_i = u_i$, u_i 表示从上层控制

律计算出的所需加速度输入。位置 $\dot{s}_i$ 的导数是指车辆 i 的速度。速度 $\dot{v}_i$ 的导数是车辆 i 的加速度。从车辆 i 的较低级别控制的复杂性中简化了 $\dot{a}_i$ 的推导。τ_i 是由动力或制动执行器的滞后引起的车辆 i 的执行器滞后。

4.3.2　串稳定性分析

在关于串稳定性的文献中，通常使用面向性能的频域方法，因为它具有用于控制器分析和综合的实用特性[58,134,136]。在这种方法中，串稳定性被定义为间距误差，速度和加速度在向异质队列的上游方向传播时应保证不会放大。该规范可以通过公式 (4.2) 来制定。

$$\|\Lambda_i(t)\|_2 \leqslant \|\Lambda_{i-1}(t)\|_2, \quad \forall t \geqslant 0, \quad 2 \leqslant i \leqslant m \tag{4.2}$$

其中 $\Lambda_i(t)$ 为后车 i 对应的信号，即间距误差 $e_i(t)$、速度 $v_i(t)$ 和加速度 $a_i(t)$。$\Lambda_{i-1}(t)$ 是前车 $i-1$ 对应的信号。$i-1$, $\|\cdot\|_2$ 表示表示信号能量的 l_2-范数。该公式具有明确的物理意义，即车辆信号中的能量必须在队列的上游方向衰减。

在这里，我们使用速度作为分析串稳定性的基本标志，因为它使后续传递函数分析中的推导更容易。此外，从流量的角度来看，速度比间距误差更重要。因此，队列系统的传递函数可以用公式 (4.3) 来表示。

$$\|\Gamma_i(jw)\|_\infty = \sup_{v_{i-1} \neq 0} \frac{\|v_i(t)\|_2}{\|v_{i-1}(t)\|_2} \tag{4.3}$$

其中，$\Gamma_i(j\omega)$ 是沿虚轴计算的传递函数。$\|\cdot\|_\infty$ 表示 l_∞-范数。这个 l_∞-范数是由输入和输出信号的 l_2-范数引起的，它表示流中的能量传输。$\|\Gamma_i(jw)\|_\infty$ 是 $|\Gamma_i(jw)|$ 在大于 0 的频率 ω 上的上确界。

根据等式 (4.3)，可以推导出串稳定性的充分条件为公式 (4.4)。

$$\|\Gamma_i(jw)\|_\infty = \sup_{w>0} |\Gamma_i(jw)| < 1 \tag{4.4}$$

该标准表明，前车或前车输入的信号能量应在上游方向衰减。此外，边缘串稳定性的充分条件是 $\|\Gamma_i(jw)\|_\infty = 1, i > 1, w > 0$。

4.3.3 原始控制

为了用公式表示纵向 CACC 中的通信延时问题,由 Vanderwerf 等[58] 提出的原始控制用于执行 CTG 间隔策略,如公式 (4.5) 所示。原始控制考虑了前车加速度、前后车速度差、实际与期望的间距误差三个因素。假设前面车辆的加速度是通过具有一定延时的无线通信传输的。同时,相对速度和距离差距由雷达传感器确定,没有传感延时。

$$u_i(t) = k_a \cdot a_{i-1}(t - \Delta) + k_v \cdot [v_{i-1}(t) - v_i(t)] + k_s \cdot [d_i(t) - v_i(t)t_d - l - G_{\min}] \quad (4.5)$$

其中,Δ 是前车加速度传输期间的通信延时,$u_i(t)$ 是期望加速度,k_a 是前车加速度增益,k_v 是后车 i 和前车 $i-1$ 之间的速度误差增益,k_s 是后车 i 和前车 $i-1$ 之间的间距误差增益,$d_i(t)$ 是前车 $i-1$ 和后车 i 之间的实际距离差,$d_i(t) = s_{i-1}(t) - s_i(t)$,$G_{\min}$ 是静止距离,l 是车辆长度,t_d 是 CTG 策略中定义的车头时距。所需距离 $d_{r,i}(t) = v_i(t) \cdot t_d - l - G_{\min}$。因此,间距误差定义为公式 (4.6):

$$e_i(t) = d_i(t) - d_{r,i}(t), \quad 2 \leqslant i \leqslant m \quad (4.6)$$

为了分析拉普拉斯域中的串稳定性,原始控制的传递函数 $\Gamma_i(s)$ 被定义为从前面车辆的实际速度 $v_{i-1}(s)$ 到后面车辆的实际速度 $v_i(s)$ 的串稳定性互补灵敏度,如公式 (4.7) 所示:

$$\hat{v}_i(s) = \Gamma_i(s) \cdot \hat{v}_{i-1}(s), \quad 1 \leqslant i \leqslant m \quad (4.7)$$

其中 $v_i(s)$ 代表实际速度 $v(t)$ 的拉普拉斯变换,m 是车队的长度。

因此,将车辆动力学模型 (即公式 (4.1)) 代入控制器 (即公式 (4.5)),并进行拉普拉斯变换,得到原控制的特定传递函数,如公式 (4.8) 所示:

$$\Gamma_i(s) = \frac{\hat{v}_i(s)}{\hat{v}_{i-1}(s)} = \frac{k_a s^2 e^{-\Delta s} + k_v s + k_s}{\tau s^3 + s^2 + (k_v + k_s t_d)s + k_s} \quad (4.8)$$

有趣的是,基于间距误差的传递函数被确定为与公式 (4.8) 相同。这是由于同质性假设。

进一步推导,如果我们在拉普拉斯域中对公式 (4.8) 的分子和分母求导,从前一车辆的实际加速度 $\hat{a}_{i-1}(s)$ 到下一车辆的实际加速度 $\hat{a}_i(s)$ 的传递函数也与速度和间距误差的传递函数相同。

为了清楚地显示通信延时的影响,如图 4.2 所示设计了原始控制的框图。系统使用实际加速度 $\hat{a}_{i-1}(s)$ 作为输入,实际加速度 $\hat{a}_i(s)$ 作为输出。虚线框代表车辆 $i-1$,而右边虚线框表示车辆 i。

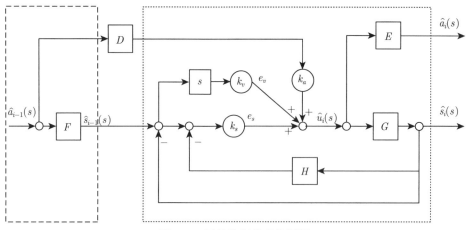

图 4.2　原始控制的系统框图

通信延时被附加到前面车辆的实际加速度 $\hat{a}_{i-1}(s)$ 中。因此，模块 D 代表无线信道的通信延时。

$$D(s) = e^{-\Delta s} \tag{4.9}$$

模块 G 为在执行器滞后时从期望加速度 $\hat{u}(s)$ 到位置 $\hat{s}(s)$ 的传递函数。

$$G(s) = \frac{\hat{s}(s)}{\hat{u}(s)} = \frac{1}{s^2(\tau s + 1)} \tag{4.10}$$

假设模块 G 包含用于纵向车辆动力学的低级控制回路。这确保了通过油门和制动系统的制动来跟踪该期望的加速度。

模块 E 是从期望加速度 $\hat{u}(s)$ 到带有执行器滞后的实际加速度 $\hat{a}(s)$ 的传递函数。

$$E(s) = \frac{\hat{a}(s)}{\hat{u}(s)} = \frac{1}{\tau s + 1} \tag{4.11}$$

模块 F 是在没有执行器滞后的情况下，从实际加速度 $\hat{a}_i(s)$ 到位置 $\hat{s}(s)$ 的传递函数。

$$F(s) = \frac{\hat{s}(s)}{\hat{a}(s)} = \frac{1}{s^2} \tag{4.12}$$

模块 H 是 CTG 控制的反馈项。

$$H(s) = t_d \cdot s \tag{4.13}$$

因此，对于原始控制，从 $\hat{a}_{i-1}(s)$ 到 $\hat{a}_i(s)$ 的传递函数 $\Gamma_i(s)$ 如公式 (4.14) 所示。

$$\Gamma_i(s) = \frac{k_a D(s)E(s) + G(s) \cdot (k_s + k_v s)}{1 + G(s) \cdot (k_s H(s) + k_s + k_v s)} \tag{4.14}$$

为了保证串稳定性，传递函数 $\Gamma_i(s)$ 应该满足公式 (4.4) 的条件。

4.3.4 CACC 的好处

在之前的研究[32,83,141] 中，CACC 被确定实现比 ACC 更短的时间间隔。这是因为 CACC 可以从无线通信中获得更多的信息，例如，前车的加速度，而 ACC 只使用来自雷达传感器的信息。如图 4.3 和图 4.4 所示，通过使用正弦动态曲线进行了演示，以说明 ACC 和 CACC 的性能。ACC 的反馈控制正好包括公式 (4.5) 的 k_v 和 k_s 项。换句话说，ACC 和 CACC 的唯一区别是 k_a 项。由于关于前方车辆加速度的附加信息，CACC 获得了出色的性能。详细的模拟设置在 [32] 中进行了阐述。

图 4.3 表明 ACC 不能保证串稳定性，因为 0.8 s 的时间间隔设置小于其最小时间间隔 1s[134]。因此，后面的车辆的加速度结果 (图 4.3(a)) 和间距误差结果 (图 4.3(b)) 超过了它们前面的车辆，这表明 ACC 的串稳定性被破坏。另一方面，由于前面车辆的加速，CACC 可以在相同的设置下保证串稳定性，如图 4.4 所示。此外，CACC 可以将间隔误差限制在 ACC 中的大约 25 % (图 4.4(b))。这一证明表明，与 ACC 相比，CACC 可以获得更短的时间间隔，同时保证串稳定性。

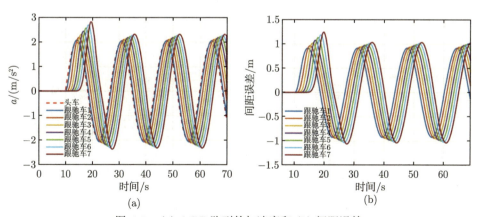

图 4.3 (a) ACC 队列的加速度和 (b) 间距误差

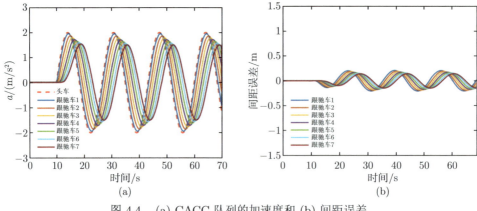

图 4.4　(a) CACC 队列的加速度和 (b) 间距误差

4.3.5　通信延时对 CACC 的负面影响

然而，在无线传输中，通信延时是常见的，这与若干不确定性有关，如电磁波的多径效应、交通密度、电子噪声、建筑屏障、隧道、绿色植被等。在我们之前的研究[32] 中，已经证明了通信延时边界的存在。如果通信延时超过上限，串稳定性将被破坏。为了呈现通信延时对 CACC 的影响，图 4.5 中展示了具有 0.2s 和 0.5s 通信延时的两个 CACC 仿真结果。这个 CACC 系统的上限是 0.41s。

据观察，间距误差随通信延时的增加而增大。因此，通信延时为 0.2s 可被 CACC 接受 (图 4.5(a))。但是，当通信延时大于上边界时，队列开始不稳定 (图 4.5(b))。

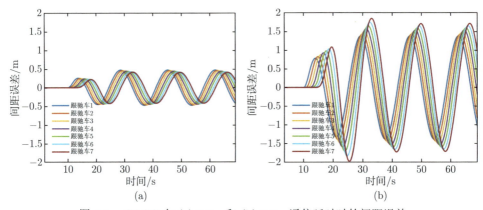

图 4.5　CACC 在 (a) 0.2 s 和 (b) 0.5 s 通信延时时的间距误差

下面介绍的 LSTM 预测模型可以缓解通信延时对原控制性能的影响。将雷达传感器的相对位置和速度转换为绝对位置和速度，然后将绝对位置和速度输入

LSTM 模型，预测前车的加速度。因此，当通信延时超过阈值时，可以使用预测数据抑制通信延时的影响。

4.4　LSTM 控制

在本节中，我们采用原控制中的 LSTM 模型来预测前车的动力学。然后，详细阐述了 LSTM 神经网络模型。因此，提出了 LSTM 控制，LSTM 模型可用于任何线性控制器，如 Ploeg 控制，提供加速度预测。

4.4.1　LSTM 预测和控制的架构

LSTM 控制使用三层 LSTM 神经网络模型，包括输入层、输出层和隐藏层，如图 4.6 所示。使用这种设计，可以保证预测精度，同时节省存储和计算资源。输入层包括从雷达传感器收集的前方车辆的位置和速度信息。隐藏层负责记忆和存储过去状态的节点数。输出层输出前方车辆的预测加速度。

LSTM 模型用于预测前方车辆在下一时间步的加速度。它可以用公式表示，如公式 (4.15) 所示。

$$\hat{a}_{i-1}(t+1) = f_{\text{LSTM}}(X_{\text{LSTM}}(t); \varphi) \tag{4.15}$$

其中，$\hat{a}_{i-1}(t+1)$ 是下一时间步的预测加速度值，$X_{\text{LSTM}}(t)$ 是当前时间的输入特征矩阵，φ 是 LSTM 参数集。

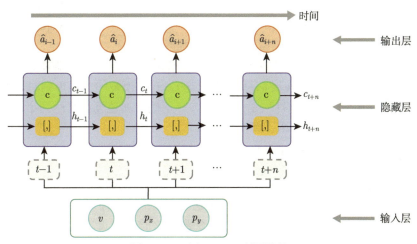

图 4.6　三层 LSTM 预测结构

在 LSTM 控制中，输入包含前面车辆的位置和速度，如公式 (4.16) 所示。

$$X_{\mathrm{LSTM}}(t) = \{v_{i-1}(t), s_{i-1}(t)\} \tag{4.16}$$

因此，我们提出一种 LSTM 控制，其中图 4.6 三层 LSTM 预测结构中的 LSTM 模型被组织到原始控制的框架中，如图 4.7 所示。

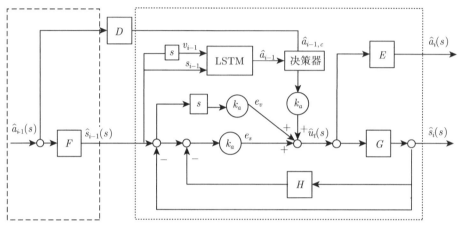

图 4.7　LSTM 控制系统框图

在后车中，前车的绝对速度 v_{i-1} 和绝对位置 s_{i-1} 被用作 LSTM 模型的输入。首先，跟随车辆从车载高精度定位系统获得其绝对速度 v_i 和绝对位置 s_i。然后，从雷达传感器收集前后车辆之间的相对速度 $v_{i-1,r}$ 和相对位置 $s_{i-1,r}$。因此，前车的绝对速度和位置由 $v_{i-1} = v_i + v_{i-1,r}$ 和 $s_{i-1} = s_i + s_{i-1,r}$ 获得，该过程被认为没有误差，并且雷达传感器的信息没有延时。

根据 LSTM 预测，预测的加速度 $\hat{a}_{i-1}$ 由输出层输出。决策器模块负责确定是使用来自无线通信的加速度信息还是来自 LSTM 模型的加速度信息。在决策器模块中设置阈值，使得 LSTM 控制总是选择正确的加速度源来达到小的间距误差。5.5 节使用实验方法介绍了阈值设置。

4.4.2　LSTM 神经网络模型

LSTM 神经网络是一种人工递归神经网络 (RNN) 架构。与标准的 RNNs 不同，LSTM 有组织短期和长期记忆的反馈连接。该特征允许 LSTM 管理在训练传统的 RNN 时会出现的梯度消失问题。一个普通的 LSTM 单元由一个神经元和三个门组成，即输入门、输出门和遗忘门。神经元在任意时间间隔内记忆数值，三个门控制着进出神经元的信息流。

通常，LSTM 有四个阶段来产生输出值。处理框架如图 4.8 所示。

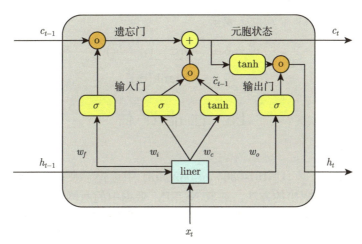

图 4.8 LSTM 的处理框架

在第一阶段，遗忘门 f_t 负责确定应该从单元状态中移除的信息。更具体地说，f_t 使用最后一个时间步长 h_{t-1} 的输出和隐藏层 x_t 的特征信息作为 sigmoid 函数的输入。该函数将最后一个时间步长 c_{t-1} 的单元状态映射到当前单元状态 c_t。这一过程可以用公式 (4.17) 来表示。

$$f_t = \sigma(w_f \cdot [h_{t-1}, x_t] + b_f) \tag{4.17}$$

其中 $\sigma(\cdot)$ 是 sigmoid 函数，w_f 和 b_f 分别是遗忘门的权重矩阵和偏置向量。

在第二阶段，LSTM 使用两个项目来更新存储在单元状态中的信息。一个由 sigmoid 函数计算，另一个是由 tanh 函数创建的状态更新向量 $\tilde{c}$，如下所示：

$$i_t = \sigma(w_i \cdot [h_{t-1}, x_t] + b_i) \tag{4.18}$$

$$\tilde{c}_t = \tanh(w_c \cdot [h_{t-1}, x_t] + b_c) \tag{4.19}$$

其中 $\tanh(\cdot)$ 是双曲正切函数，w_i 和 b_i 是输入门的权重矩阵和偏置向量，w_c 和 b_c 分别是状态更新向量的权重矩阵和偏置向量。

在第三阶段，LSTM 将先前的单元状态 c_{t-1} 更新为当前的单元状态 c_t。因此，输入门选择新的输入 x_t 并将其插入 c_t 单元。这一过程用公式 (4.20) 表示。

$$c_t = f_t \circ c_{t-1} + i_t \circ \tilde{c}_t \tag{4.20}$$

$\circ$ 是两个向量的标量积。

在最后阶段，输出门根据当前单元状态确定 LSTM 的输出。LSTM 通过从单元状态 c_t 确定当前输出 h_t 来抑制长期记忆对当前输出的影响；输出门 o_t 的和

h_t 可以用公式 (4.21) 和 (4.22) 表示。

$$o_t = \sigma(w_o \cdot [h_{t-1}, x_t] + b_o) \tag{4.21}$$

$$h_t = o_t \circ \tanh(\boldsymbol{c}_t) \tag{4.22}$$

4.5 性能评估

4.5.1 交通场景

从 NGSIM 数据 (US101-0805am-0820am) 中选择一个实际的动态轮廓，用实际交通来评估所提出的方法。选取 NGSIM 数据中的两辆连续车辆作为先导车和参考车。前车动态作为原始控制和 LSTM 控制的输入，实际跟车与 LSTM 控制创建的虚拟跟车进行对比。

选择的 NGSIM 数据提供车辆的位置、速度和加速度。记录时间步长为 0.1s，共 1019 个数据点。因此，监测时间约为 100s。选择 2 车道 ID 为 513 的车辆作为领头车辆。该车 08:08:29 驶入监控变焦，08:10:07 驶出。选择 ID 为 513 的车辆，是因为该车辆具有加速、巡航、减速、扰动等多种典型动态，如图 4.9 所示，可以充分测试纵向控制器的性能。

选取 2 车道 ID 为 517 的车辆作为参考车辆。车辆于 08:08:32 在监控变焦内行驶，08:10:10 驶出。这辆车被用作参照，将与控制器创建的虚拟车进行比较。

前车 (ID 513) 的速度和加速度如图 4.9 所示。

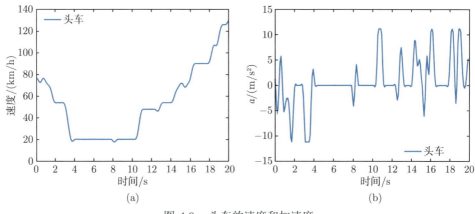

图 4.9　头车的速度和加速度

对于 LSTM 预测，初始 80% 的数据用于训练阶段，接下来的 20% 用于测试阶段。请注意，由于 NGSIM 的数据点有限，训练数据的数量明显低于正常需求 (大约 10000 点)。然而，LSTM 预测仍然提高了 LSTM 控制的性能。

4.5.2 仿真设置和指标

表 4.1 列出了 LSTM 控制和 LSTM 模型的设置。当没有通信延时时,控制器的参数是最优的。应仔细选择 LSTM 模型的参数以节省计算资源和计算时间。

表 4.1 仿真设置

	驱动器滞后	0.3s
	车头时距	0.8s
	k_a	0.33
LSTM 控制	k_v	0.85
	k_s	2.08
	$G_{\min}$	2m
	迭代次数	200
	批量大小	100
	隐藏层节点	32
	训练集大小	80%
LSTM 模型	验证集大小	20%
	输入数据	速度
		纵向位置
		横向位置
	输出数据	加速度

使用拟合优度指数 (R^2) 和均方根误差 (RMSE) 测试了 LSTM 预测的准确性。

R^2 被定义为参考数据 X 和预测数据 $Y^{[155]}$ 之间的相关系数的平方,如公式 (4.23) 所示。

$$R^2 = [\mathrm{Cor}(X, Y)]^2 \tag{4.23}$$

数据点 (x_i, y_i) 的 n 次观测值的相关系数如下:

$$\mathrm{Cor}(X, Y) = \frac{1}{n-1} \sum_{i=1}^{n} \left(\frac{x_i - \bar{x}}{s_x} \right) \left(\frac{y_i - \bar{y}}{s_y} \right) \tag{4.24}$$

其中 s_x 和 s_y 分别是 X 和 Y 的标准差,公式 (4.25) 用于量化 s_x 和 s_y。

$$s_x = \sqrt{\frac{\sum\limits_{i=1}^{n} (x_i - \bar{x})^2}{n-1}} \tag{4.25}$$

$$s_y = \sqrt{\frac{\sum\limits_{i=1}^{n} (y_i - \bar{y})^2}{n-1}} \tag{4.26}$$

RMSE 是模型或估计量预测值与实际观察值之间差异的常用度量，它代表预测值和观察值之间差异的样本标准偏差。

$$\text{RMSE} = \sqrt{\frac{1}{N} \sum_{i=1}^{N} (x_i - y_i)^2} \tag{4.27}$$

这里 x_i, y_i 分别是参考组 X 和预测组 Y 的数据点。

4.5.3　LSTM、RNNs 和 GRUs 的预测精度

为了评估 LSTM、RNNs 和 GRUs 的预测精度，在图 4.10 中给出了车辆 513 的实际加速度和预测加速度结果。我们观察到 LSTM 比其他两种方法产生更好的预测结果。LSTM 的预测数据 (黑线) 与实际数据 (红线) 非常吻合。RNN (绿线) 是第二好的，GRU (蓝线) 是最差的。

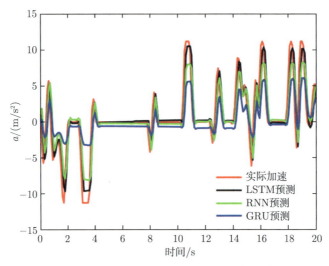

图 4.10　头车的实际和 LSTM 预测加速度

实际结果和预测结果之间的 R^2 和 RMSE 如表 4.2 所示计算。这些统计数据清楚地显示了可选方法之间的差异。LSTM 获得了 R^2 和 RMSE 的最佳结果，分别为 0.766 和 2.132。作为传统的门控机制，RNN 分别实现了 0.739 和 2.248 的 R^2 和 RMSE。然而，GRU 仅分别达到 R^2 和 RMSE 的 0.544 和 2.976。原因在于，与 LSTM 相比，GRU 缺少一个输出门。因此，当引导车辆的数据不足以用于训练阶段时，RNN 的预测性能是不合格的，只有 820 个数据点用于训练。

出于同样的原因，LSTM 的预测表现并不突出，但令人满意。尽管训练数据不足，LSTM 控制仍然实现了与具有 0.1s 通信延时的原始控制类似的性能。

表 4.2   预测性能的统计

预测方法	拟合优度指标	均方根误差
LSTM	0.766	2.132
RNNs	0.739	2.248
GRUs	0.544	2.976

4.5.4 仿真结果

使用 MATLAB 进行了一系列仿真，其中通信延时设置为 0 s，0.2 s 和 0.4s。仿真结果如图 4.11~ 图 4.14 所示，考察了速度、加速度和车头时距，前三行是不同延时的原始控制结果，最后一行是 LSTM 控制的结果。

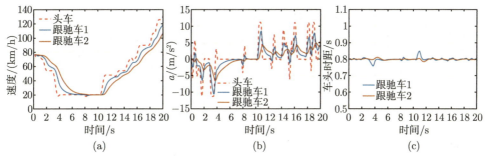

图 4.11   通信延时为 0 秒的原始控制结果 (基准)。(a) 速度；(b) 加速度；(c) 车头时距

如图 4.11 所示，原始控制因为完美的无线传输而达到了最好的性能。在图 4.11(a) 中，前车 (NGSIM 数据中的 ID 513) 减速至 20km/h 并巡航一段时间后加速至 120km/h 以上，这期间前车进行多次变速，由于完美的交通，后面的车辆以平稳的速度行驶。朝车队上游方向的车辆间速度变化被抑制。在图 4.11(b) 中，前方车辆的加速度大部分时间急剧变化。事实上，这一特点是对队列控制策略性能的挑战。然而，由于及时的车间通信，后车的加速被减轻。在图 4.11(c) 中，跟随车辆的时间间隔精确地保持在 0.8s，这与系统设置一致。只有两个相对较大的振动是由减速/加速和巡航之间的切换在 3.8s 和 10.3s 时产生的，这些结果证明后面的车辆是稳定的。

图 4.12 中的结果是当通信延时增加到 0.2s 时获得的。在图 4.12(a) 中，与 0s 通信延时的情况相比，跟随车辆的速度开始波动。在图 4.12(b) 中，跟随车辆的加速度增加，并且相对于引导车辆的加速度具有 0.2s 的相位滞后。此外，在 3.6s 时间点，第一跟随车辆的加速度超过了领先车辆的加速度。在图 4.12(c) 中，跟随

车辆的车头时距振荡，最小接近达到 0.7s，最大超过 0.9s，这说明串稳定性开始下降。

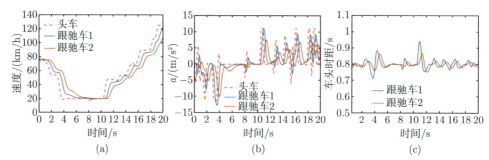

(a)   (b)   (c)

图 4.12   通信延时为 0.2 秒的原始控制结果。(a) 速度；(b) 加速度；(c) 车头时距

如图 4.13 所示，当通信延时达到 0.4s 时，原始控制的串稳定性受到显著影响。在图 4.13(a) 中，跟随车辆的速度实现快速且大的振荡。更清楚地，在图 4.13(b) 中，跟随车辆的加速度持续增加以超过饱和值，同时与领先车辆相比具有 0.4s 的相位滞后。在图 4.13(c) 中，跟随车辆的车头时距显著增加，最小和最大值超过 0.7s 和 1s，这表明串稳定性被破坏。

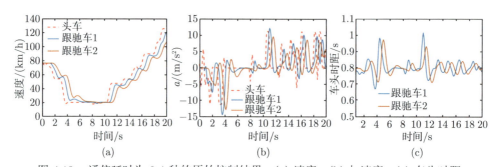

(a)   (b)   (c)

图 4.13   通信延时为 0.4 秒的原始控制结果。(a) 速度；(b) 加速度；(c) 车头时距

根据我们之前的研究，通信延时边界可以根据队列系统设置得到[32]。对于当前设置，通信延时的上限是 0.35s。0.4s 延时的值已经超过上限，因此串稳定性明显受损。因此，执行 LSTM 控制以减轻通信延时对串稳定性的影响。模拟结果如图 4.14 所示。

针对 0s，0.2s 和 0.4s 通信延时的 LSTM 控制的仿真结果是相同的，因为 LSTM 预测使用来自雷达传感器的信息，该信息与通信延时无关。在图 4.14(a) 中，第一跟随车辆的速度表现出轻微的振动。然而，第二跟随车辆的速度平稳地恢复。这意味着在上游方向上从一辆车到另一辆车的速度扰动被减轻 (串稳定性)。

在图 4.14(b) 中，跟随车辆的加速度缓慢变化并且没有相位滞后。尽管与 0s 通信延时的情况相比，第一跟随车辆的时间间隔具有相对大的振荡，但是第二跟随车辆的时间间隔被减轻以保持串稳定性，如图 4.14(c) 所示。这些结果也显示了串稳定性的特征。

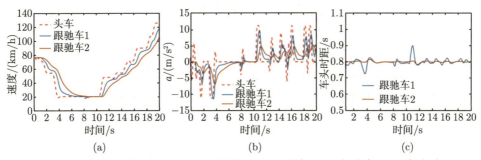

图 4.14   具有通信延时的 LSTM 控制结果。(a) 速度；(b) 加速度；(c) 车头时距

仿真结果表明，LSTM 控制在防止通信延时和保证队列稳定性方面有其独特的优势。LSTM 控制的性能与具有 0.1s 通信延时的原始控制的性能大致相同。此外，如果使用更多的数据来训练 LSTM 模型，它将会不断改进。

第 5 章　基于模型预测控制的 CACC 系统通信延时补偿方法

5.1　引　　言

车辆队列 (vehicular platoon) 技术的应用可以显著减少客货混行交通事故，提升高速公路通行效率，通过减少风阻降低 $10\%\sim15\%$ 的燃油消耗[3,69,129,158]，因此，车辆队列技术已成为当今道路运输领域的研究前沿和热点问题。早在 1986年，美国的加州大学伯克利分校借助 PATH 计划开展关于车辆队列技术的智能交通系统的研究，因此多项车辆队列相关技术得以问世。在 20 世纪 90 年代，Rajamani 等[159] 在圣迭戈高速公路上进行了首次车辆队列的应用示范；在欧盟，较早的车辆队列项目有 CHAUFFEUR I 和 II[160,161]。这些项目主要关注降低油耗和车间距；近年来，欧盟支持的车辆队列项目有 SARTRE[162]、COMPANION[163]，开始更加关注车辆队列的协同管控、人-车交互等更加偏向于商业化落地的应用。目前，自适应巡航控制 (adaptive cruise control，ACC) 系统在部分车型上已初步实现商业化等[164]。其利用车载毫米波雷达传感器感知前车的相对速度和相对距离，从而可以控制队列中跟驰车辆进行自动驾驶。与 ACC 相比，协同式自适应巡航控制 (cooperative adaptive cruise control，CACC) 系统除了使用毫米波雷达之外，还利用车辆间通信技术在队列车辆之间传递更加丰富的车辆动态信息，从而提升跟驰车辆对上下游车辆动态的敏感度，实现更短的车间距和更好的系统稳定性，达到提升交通安全和效率、节省燃油消耗等目的[15,18,83,165,166]。

车辆队列技术包括 4 个基本元素：车辆动力学模型、车辆间距策略、网络拓扑和控制器[167]。由于车辆的动力传输受到发动机、变速箱、空气阻力和地面摩擦力等因素的影响，其动力学模型是非线性的。为了聚焦控制器的研究，本章对这一非线性模型进行了合理简化，采用了一种实用的三阶线性车辆动力学模型。车辆间距策略分为恒间距策略和恒车头时距策略。恒间距策略要求控制器确保队列中各车辆之间的距离恒定。在车辆队列研究初期，PATH 计划曾利用恒间距策略进行滑膜控制器的研究[168]。然而，恒间距策略在理论上具有一定的局限性，其无法保证 ACC 车辆队列的稳定性[48,169]，因此，随着车辆队列研究的发展，恒车头时距策略被提出并被广泛使用。该策略要求在任何速度下，跟驰车与其前车需保持一定的行程时间间隔。恒车头时距策略考虑了当前车辆速度，使其车辆间距控制具有一定的灵活性，有利于控制器的设计和功能的实现[170]；典型的网络拓扑结构包括前车-跟驰车单向传输拓扑 (predecessor following，PF)、头车-前车-跟驰车传输拓扑 (predecessor-leader following，PLF) 和前车-后车双向信息传输拓扑 (bidirectional，BD) 等。其中，队列系统常用的网络拓扑为 PF 型[15,83]。PF 传输拓扑结构规定本车 (跟驰车) 只考虑其直接前车的传感器信息和网联信息。该类型拓扑构成了一种级联式信息传输，可以有效地支持分布式控制器的设计，有利于控制器分析和综合时的理论推导[29]。

　　本章的主要工作集中在通信延时对控制器的影响方面，并提出了一种通信延时补偿方法。其中，主要考察了两类 CACC 控制器：线性反馈控制[83,136,164] 和优化控制[171,172]。CACC 的线性反馈控制通过设计一个比例-微分 (proportional-derivative，PD) 控制实现闭环反馈过程，同时考虑前车加速度等开环变量，实现跟驰车辆理想加速度的计算。Vanderwerf 等[164] 在 ACC 反馈控制器的基础上加入了前车加速度项，提出了一种 CACC 线性控制器，以跟踪前车加速度为目标，同时考虑前后两车的速度误差和间距误差作为闭环补偿变量；Ploeg 等[136] 提出一种使各项动态误差趋于稳定的控制律，同时可以补偿前车加速度的波动，有效地缩短了车头时距，并保证了队列系统的弦稳定性。线性控制的优势在于控制器结构简单，运行较稳定，计算量较小。然而，与优化控制相比，线性控制考虑的车辆队列性能指标较单一，例如车头时距等。而且，线性控制的开环和闭环控制增益很难在复杂的车辆动态和通信延时的干扰下进行统一的设定。另外，其控制器的输出没有约束条件，较容易在极限工况下使控制输出量过高，使执行器达到饱和；另一方面，优化控制可以在优化时域内同时考虑多种性能指标，例如安全 (速度误差)、效率 (车头时距)、舒适性和燃油经济性 (控制输出量) 等。值得一提的是，优化控制的输出是预测时域内的局部最优解，这一优化过程对通信延时的影响具有与生俱来的容忍作用[154]。而且，优化控制对其系统状态和控制输出设有约束条件，可以在优化阶段就避免过高的控制输出[173]。此前，优化控制对算力需求一直困扰着其实际落地应用。但随着车载计算机和电控单元的快速发展，优化控制目前已具备应用于实时控制系统的能力。

　　模型预测控制 (model predictive control，MPC) 是一典型的优化控制方法[171,172]。其一般用在呈现出复杂动力系统特性的模型中，可以预测未来事件并进行相应的处理[174]。Naus 等[175] 提出一种 MPC 控制架构，应用于 ACC 的 Stop-and-Go 模式中，并利用 PreScan 和测试台架进行实车测试；Zhou 等[176] 提出了一种分布式的模型预测控制方法，确保车辆队列的车辆自身稳定性 (local stability) 和弦稳定性 (string stability)；Wang 等[171,172] 首先提出了一种 ACC 模式下的 MPC 方法，利用庞特里亚金最大值原理对优化问题进行求解，并针对 CACC 队列模式提出了基于协同感知和协同控制的多目标预测的 MPC 控制器，通过对联合目标函数的优化求解，达到当前车辆的最优控制；清华大学李克强教授团队针对异质性 CACC 车辆队列提出了一种分布式 MPC 控制器[167]。然而，这些工作均未探讨通信延时作为外部扰动对 MPC 的影响。

　　基于上述考虑，本章以通信延时条件下的协同式自适应巡航控制 (CACC) 系统为研究对象，以有效缓解通信延时对系统弦稳定性的影响为目标，重点研究协同式车辆队列中 MPC 控制架构对通信延时的补偿方法；遵循四元素车辆队列系统架构，对车辆动力学模型、间距策略、网络拓扑和 MPC 纵向控制器进行数学建模；在此模型架构基础上，设计一种开环优化与闭环控制相结合的模型预测控制方法，通过综合考虑车辆队列的跟驰、安全、通行效率和燃油消耗等性能指标，并利用庞特里亚金最大值原理对所设计的优化问题进行快速求解；进一步利用长短期记忆 (LSTM) 网络的预测性能，将跟驰车辆的传感器信息输入 LSTM 网络来预测其前车的运动状态，从而解决了短暂数据延时对车辆队列稳定性的影响；最后，利用本章提出的混合范数系统弦稳定性评价指标，在正弦型运动工况和实车数据的仿真测试中，开展通信延时对 CACC 系统稳定性的敏感性分析，并将本章方法与参考方法进行横向性能对比。

5.2　协同式自适应巡航控制系统建模

　　协同式自适应巡航控制系统通过车辆间通信技术将前车的动态信息，例如加速度等，实时传递给后车，同时后车通过毫米波雷达传感器感知前车的相对位置和相对速度。MPC 在实际应用于协同式车辆队列时，其可分为级联式和同步式。同步式 MPC 使队列中各车辆同时进行优化求解，并假设前车加速度在预测时域内恒定。级联式 MPC 则是向车辆队列上游逐级进行优化求解。这一设计的优势在于，级联式 MPC 可以在优化求解中使用最新的控制输出和前车预测时域内的轨迹。从而，级联式 MPC 具有更快的收敛速度，并达到更好的控制性能[176]，因此，本章所研究的车辆队列系统采用级联式控制结构，如图 5.1 所示。其中，系统的网络拓扑结构采用前车-跟驰车 (predecessor following, PF) 单向传输拓扑，即 PF 型网络拓扑结构。

　　车辆 i 在 t 时刻的系统状态 $x_i(t)$ 定义为 $(s_i(t), \Delta v_i(t), a_i(t))^{\mathrm{T}}$，其中，$s_i(t)$ 为车辆 $i-1$ 与其后车 i 之间的实际距离；$\Delta v_i(t) = v_{i-1}(t) - v_i(t)$ 为车辆 $i-1$ 与其后车 i 之间的速度差；$a_i(t)$ 为车辆 i 的加速度。另外，考虑车辆执行器延时 τ，给出三阶车辆动力学模型，即

$$\dot{a}_i(t) = -\frac{1}{\tau} a_i(t) + \frac{1}{\tau} u_i(t) \tag{5.1}$$

　　由此，车辆系统动态 $\dot{x}_i(t)$ 可推导为

$$\dot{x}_i(t) = \begin{pmatrix} v_{i-1}(t) - v_i(t) \\ a_{i-1}(t) - a_i(t) \\ -a_i(t)/\tau + u_i(t)/\tau \end{pmatrix} \tag{5.2}$$

式中，$a_{i-1}(t)$ 为车辆 $i-1$ 的加速度，作为系统外部扰动；$u_i(t)$ 为由车辆 i 的控制器给出的理想加速度。

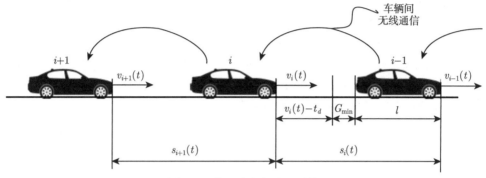

图 5.1   协同式车辆队列系统

系统动态 $\dot{x}_i(t)$ 的矩阵形式为

$$\dot{x}_i(t) = Ax_i(t) + Bu_i(t) + C\omega_i(t),$$

$$A = \begin{pmatrix} 0 & 1 & 0 \\ 0 & 0 & -1 \\ 0 & 0 & -1/\tau \end{pmatrix}, \quad B = \begin{pmatrix} 0 \\ 0 \\ 1/\tau \end{pmatrix}, \quad C = \begin{pmatrix} 0 \\ 1 \\ 0 \end{pmatrix}, \quad \omega_i(t) = a_{i-1}(t)$$

$$\tag{5.3}$$

5.2.1 车辆间距策略

本节采用恒车头时距作为间距策略。其定义为队列中车辆 i 根据自身速度 $v_i(t)$ 的不同始终与前车保持恒定的车头时距，则车辆间的理想间距 $s_i^*(t)$ 为

$$s_i^*(t) = v_i(t)t_d + l + G_{\min} \tag{5.4}$$

式中，t_d 为恒定车头时距；l 为车辆长度；$G_{\min}$ 为一恒定安全距离。

在车辆队列运行时，由于车辆 i 的前车进行实时运动状态的改变，实际间距 $s_i(t)$ 时常在理想间距 $s_i^*(t)$ 附近变化，这一理想间距可认为是前后两车间距的最佳平衡点，因此，其变化幅度称为间距误差 $e_i(t)$，即

$$e_i(t) = s_i(t) - s_i^*(t) \tag{5.5}$$

间距误差是车辆队列安全性的重要指标之一，也是用来衡量车辆队列弦稳定性的关键参数。若头车在减速过程中，前后车实际间距减小，控制器应控制后车适当减速并恢复与前车的理想车头时距，使间距误差重新收敛为零，确保前后车达到安全距离。否则，队列中的车辆将出现安全隐患。

5.2.2　MPC 纵向控制器

本节将协同式自适应巡航控制系统中车辆跟驰控制问题建模为模型预测控制问题。跟驰车辆的当前控制量是在每一采样时刻通过求解一有限时域内的开环最优控制问题而得到。系统的当前状态和外部扰动作为最优控制问题的初始状态，并利用系统动态模型在预测时域 T 内进行状态推演，从而求解出最优控制序列。最终，MPC 在当前时刻只采用最优控制序列的第一个控制量对车辆进行纵向控制。本节 MPC 方法的结构如图 5.2 所示。

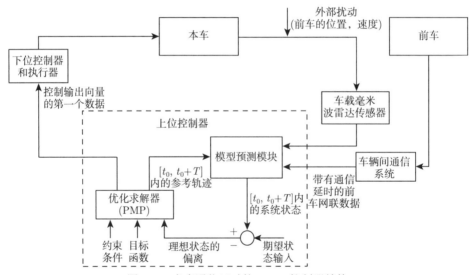

图 5.2　考虑通信延时的 MPC 控制器结构

虚线框中的结构为 CACC 模式下的 MPC 上位控制器，其中，车辆系统状态 $\boldsymbol{x}_i(t)$ 包括实际间距、速度误差和本车加速度，即 $(s_i(t), \Delta v_i(t), a_i(t))^{\mathrm{T}}$，实际间距、速度误差由车载毫米波雷达获得。前车加速度由车辆间通信系统获取，其中包含了本节所关注的通信延时作为外部扰动。在每一瞬时采样时刻 t_0，MPC 接收到上一时刻的系统状态信息和包含通信延时的前车加速度。MPC 可以基于这些信息利用预测模型在预测时域 T 内进行系统状态的推演，并结合约束条件对目标函数进行开环优化问题求解，得到最优控制序列 $\boldsymbol{u}^*(t_0)$。该控制序列的第 1 个元素为车辆控制系统给出的理想控制量。随着车辆队列系统的运行，其系统状态和通信延时均可能实时变化，因此，最优控制序列将在每一个采样时刻进行重新计算。

5.3 系统弦稳定性量化指标定义

弦稳定性是车辆队列系统的重要性能指标之一。其物理含义为：弦稳定的车辆队列系统应确保各跟驰车辆的加速度、速度和间距误差向队列上游 (队尾方向) 传递的过程中被逐级衰减。目前学术界有 2 种弦稳定性判断条件，分别为 2 范数弦稳定性条件和无穷范数弦稳定性条件。

5.3.1 2 范数弦稳定性条件

2 范数弦稳定性条件定义为前车产生的能量扰动在向队列上游传递过程中需逐级衰减。该条件从能量的角度描述了车辆队列的弦稳定特性。其判断准则有时域和频域两种形式，两者通过帕塞瓦尔能量守恒定理证明是等价的。基于 2 范数的判定准则是一种以跟驰性能为导向的方法，常被用来判断系统的弦稳定性，因为该方法在控制器的分析和综合过程中具有很强的实用价值[85,91,141]。该条件在时域上可描述为

$$\|\Lambda_i(t)\|_2 \leqslant \|\Lambda_{i-1}(t)\|_2, \quad 2 \leqslant i \leqslant m \tag{5.6}$$

式中，$\Lambda_i(t)$ 为跟驰车辆 i 的加速度 $a_i(t)$、速度 $v_i(t)$ 或间距误差 $e_i(t)$；m 为车辆队列的长度。

式 (5.6) 具有显著的物理意义，即：车辆队列下游车辆产生的能量扰动向车辆队列上游传导时需被逐级衰减。将间距误差作为基本信号，将时域条件与频域条件进行关联。

车辆队列系统的传递函数为

$$\|\Gamma_i(j\omega)\|_\infty = \sup_{e_{i-1}(t) \neq 0} \frac{\|e_i(t)\|_2}{\|e_{i-1}(t)\|_2} \tag{5.7}$$

式中，$\Gamma_i(j\omega)$ 为系统的传递函数；ω 为傅里叶变换频率，需大于 0。

由式 (5.7) 可知：$\|\Gamma_i(j\omega)\|_\infty$ 是输入信号 $e_{i-1}(t)$ 和输出信号 $e_i(t)$ 的 2 范数构成的诱导范数，其表示传递函数在各频率处幅值的上确界。

根据 2 范数弦稳定性的基本定义，即式 (5.6)，其频域上的弦稳定条件为

$$\|\Gamma_i(j\omega)\|_\infty = \sup_{\omega > 0} |\Gamma_i(j\omega)| < 1 \tag{5.8}$$

这一判断准则保证了由头车或前车产生的扰动信号在向队列上游传递的过程中被逐级衰减。另外，若传递函数符合条件 $\|\Gamma_i(j\omega)\|_\infty = 1, i > 1, \omega > 0$，则该队列为临界稳定。

　　然而，式 (5.6) 或式 (5.8) 仅为系统弦稳定性的必要条件[134]。在车辆队列系统处于规律的振荡状态是有效的判断准则，而如果系统处于稳态或遭遇斜坡型误差时，该条件就是非充分的。另外，若考虑安全性因素，则系统仍需符合无穷范数弦稳定条件。

5.3.2　无穷范数弦稳定性条件

　　无穷范数弦稳定性条件定义为前车产生的扰动能量的最大值需向队列上游传递过程中被逐级递减，从能量的峰值角度描述车辆队列的弦稳定性。该条件在时域上可描述为

$$\|\Lambda_i(t)\|_\infty \leqslant \|\Lambda_{i-1}(t)\|_\infty, \quad 2 \leqslant i \leqslant m \tag{5.9}$$

　　前后车传递信号的无穷范数 $\|\Lambda_i(t)\|_\infty$ 和 $\|\Lambda_{i-1}(t)\|_\infty$ 可由系统的冲激响应 $h(t)$ 的 1 范数 $\|h(t)\|_1$ 联系起来，这里间距误差同样被作为基本信号，即

$$\|h(t)\|_1 = \sup_{e_{i-1}(t)\neq 0} \frac{\|e_i(t)\|_\infty}{\|e_{i-1}(t)\|_\infty} \tag{5.10}$$

　　根据式 (5.9) 的稳定性条件可得到冲激响应的 1 范数应满足

$$\|h(t)\|_1 < 1 \tag{5.11}$$

　　与 2 范数频域条件相对应，无穷范数在频域上的弦稳定条件可表示为

$$\|\Gamma_i(j\omega)\|_\infty \leqslant 1, \text{ 且 } h(t) > 0 \tag{5.12}$$

5.3.3　弦稳定性量化指标定义

　　为了更全面地量化弦稳定性程度，本节同时考虑车辆队列系统的无穷范数弦稳定性和 2 范数弦稳定性。从物理意义上讲，无穷范数弦稳定性条件要求输入扰动的峰值能量需随着向车辆队列上游传递而衰减，而 2 范数弦稳定性条件要求输入扰动信号的全部能量要随着向车辆队列上游传递而衰减。可以通过图 5.3 直观地看出综合考虑 2 种稳定性的优势。

　　如图 5.3 所示：蓝色实线为前车的输入扰动信号，其他颜色的虚线为传递到本车的扰动信号；红色虚线表示当前系统稳定性既不是无穷范数稳定也不是 2 范数稳定；黄色虚线表示当前系统稳定性为 2 范数稳定而无穷范数不稳定；黑色虚线表示当前系统稳定性为无穷范数稳定而 2 范数不稳定；绿色实线表示当前系统既是无穷范数稳定又是 2 范数稳定。由图 5.3 可以看出：单独考虑一种稳定性条件，并不能最大程度地使输入扰动信号的能量得到衰减。在 4 种稳定性结果曲线

中，只有同时达到无穷范数稳定和 2 范数稳定的绿色曲线才能表现出扰动信号的能量被有效地抑制。

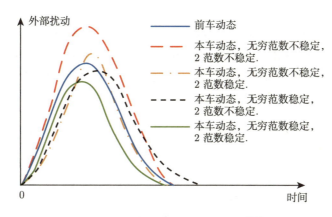

图 5.3　系统弦稳定性状态对比[25]

无穷范数弦稳定性利用车辆 i 的间距误差 $e_i(t)$ 与车辆 $i-1$ 的间距误差 $e_{i-1}(t)$ 之比的无穷范数来量化；2 范数弦稳定性利用车辆 i 的间距误差 $e_i(t)$ 与车辆 $i-1$ 的间距误差 $e_{i-1}(t)$ 之比的 2 范数来量化。综合考虑上述 2 个稳定性条件，本节提出一种混合范数的弦稳定性量化指标 Θ，即

$$\Theta = \alpha \left\| \frac{e_i(t)}{e_{i-1}(t)} \right\|_\infty + \beta \left\| \frac{e_i(t)}{e_{i-1}(t)} \right\|_2 \tag{5.13}$$

式中，α 和 β 分别为无穷范数和 2 范数量化指标的权重，取值范围为 0~1。

在系统弦稳定性分析中，大部分文献是通过对试验结果的观察来评价系统稳定性的优劣或定性地判定系统是否稳定[48,174,176]。本节通过对弦稳定性的量化，可以更加精确地描述系统的弦稳定性程度，在系统的综合和设计中具有重要的理论指导意义。在试验结果分析中，本节利用量化指标的形式准确地描述各种控制器对通信延时的容忍程度，从而体现本节提出的通信延时补偿方法的优越性。

5.4　级联式 MPC-PVAT 方法设计

本节提出一种 CACC 模式下的 MPC 控制方法，利用车辆间通信技术将前车 MPC 的加速度预测轨迹 (preceding vehicle acceleration trajectory，PVAT) 实时地传递给跟驰车辆作为参考轨迹，跟驰车辆接收到 PVAT 信息之后，其 MPC 可以获取更加丰富的前车动态信息，从而达到更加精准的控制目的，因此，该方法可缩写为 MPC-PVAT。

5.4.1　MPC 优化求解方法

本节采用了基于庞特里亚金最大值原理 (Pontryagin's maximum principle, PMP) 的快速数值求解方法[177,178]，与连续代数里卡蒂方程和序列二次规划方法相比，PMP 方法无需求解偏微分方程，只求解一组常系数微分方程，从而降低了计算复杂度。同时，PMP 方法利用一种显式方式设计目标函数，而不是一种隐式的二次型方式。这种方式更有助于设计控制目标函数。基于 PMP 的求解方法需首先定义哈密顿方程 $\mathcal{H}\left[x(t), u(t), \lambda(t), t\right]$，即

$$\mathcal{H}\left[x(t), u(t), \lambda(t), t\right] = \mathcal{L}\left[x(t), u(t), t\right] + \lambda^{\mathrm{T}}(t) f\left[x(t), u(t), t\right] \tag{5.14}$$

式中，$\mathcal{L}\left[x(t), u(t), t\right]$ 为优化目标函数；$f\left[x(t), u(t), t\right]$ 为系统动态模型；$u(t)$ 为车队系统的控制量；$\lambda(t)$ 为边缘代价，相当于一拉格朗日乘子，表示系统状态 $x(t)$ 进行微小变化时产生的额外开销。

PMP 利用哈密顿方程 $\mathcal{H}\left[x(t), u(t), t\right]$ 可推导出最优控制量

$$u^*(t) = \min \mathcal{H}\left[x(t), u(t), t\right], \quad u(t) \in \mathcal{U} \tag{5.15}$$

式中，$u^*(t)$ 为最优控制量，是哈密顿方程在预测时域范围内最小化时对应的控制量，可表示为系统状态 $x(t)$ 和边缘代价 $\lambda(t)$ 的函数；$\mathcal{U}$ 为控制量的约束条件。

根据 PMP 方法要求，边缘代价 $\lambda(t)$ 需满足动态方程，即

$$-\frac{\mathrm{d}\lambda(t)}{\mathrm{d}t} = \frac{\partial \mathcal{H}\left[x(t), u(t), t\right]}{\partial x(t)} = \frac{\partial \mathcal{L}\left[x(t), u(t), t\right]}{\partial x(t)} + \lambda^{\mathrm{T}}(t)\frac{\partial f\left[x(t), u(t), t\right]}{\partial x(t)} \tag{5.16}$$

此时，优化控制问题被降维成求解一系列由式 (5.2) 和 (5.16) 组成的常系数微分方程组。

5.4.2　MPC-PVAT 方法

本节提出 MPC-PVAT 的详细设计方法，与其他 MPC 方法相比，MPC-PVAT 的特点在于：在模型预测阶段，跟驰车辆动态模型 $\dot{x}_i'(t)$ 中使用了对应预测时域 T 内前车 MPC 的预测加速度轨迹 $a_{i-1}^{\mathrm{p}}(t)$，其动态方程为

$$\dot{x}_i'(t) = \begin{bmatrix} v_{i-1}(t) - v_i(t) \\ a_{i-1}^{\mathrm{p}}(t) - a_i(t) \\ -\dfrac{1}{\tau}a_i(t) + \dfrac{1}{\tau}u_i(t) \end{bmatrix} = f'\left[x(t), u(t), d(t), t\right] \tag{5.17}$$

式中，$f'\left[x(t), u(t), d(t), t\right]$ 为车辆动态的函数表达式；$d(t)$ 为外部扰动，动态模型里的外部扰动为 $a_{i-1}^{\mathrm{p}}(t)$。

图 5.4 给出了 MPC-PVAT 的模型预测控制过程。MPC-PVAT 可以充分利用前车 MPC 对未来加速度的预测轨迹，以 K 时刻的历史控制量 (绿色实线) 为初始状态，在预测时域 (K 到 $K+T$ 时刻) 中计算出更加准确的预测控制量，如蓝色实线所示，从而使本车 MPC 的预测输出 (红色虚线) 与参考轨迹 (绿色虚线) 保持尽量小的误差。

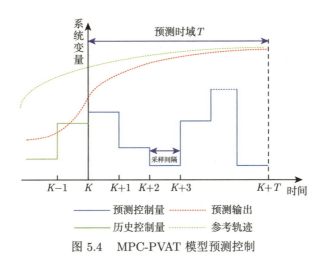

图 5.4   MPC-PVAT 模型预测控制

本节为 MPC-PVAT 设计了目标函数 $\mathcal{L}_1(t)$，其目的是使前后两车的加速度之差、速度之差、间距误差和期望加速度最小，使车辆具有较好的跟驰性能，并保证安全性。同时，使控制输出最小化，从而提升自动驾驶的舒适性，并降低燃油消耗。另外，通信延时 Δ 也通过前车加速度轨迹项引入目标函数，即

$$\mathcal{L}_1(t) = \frac{k_a}{2}[a_{i-1}^{\mathrm{p}}(t-\Delta) - a_i(t)]^2 + \frac{k_v}{2}[v_{i-1}(t) - v_i(t)]^2 + \frac{k_s}{2}[e_i(t)]^2 + \frac{k_u}{2}[u_i(t)]^2$$

$$(5.18)$$

式中，k_a, k_v, k_s, k_u 分别为前车加速度、速度之差、间距误差和控制量的增益。

根据 PMP 方法，MPC-PVAT 的哈密顿方程 $\mathcal{H}_1[x(t), u(t), \lambda(t), d(t), t]$ 被定义为

$$\mathcal{H}_1[x(t), u(t), \lambda(t), d(t), t] = \mathcal{L}_1[x(t), u(t), t] + \lambda^{\mathrm{T}}(t)f'[x(t), u(t), d(t), t] \quad (5.19)$$

式中，$\lambda^{\mathrm{T}}(t) = \left[\lambda^{s_i(t)}(t), \lambda^{\Delta v_i(t)}(t), \lambda^{a_i(t)}(t)\right]^{\mathrm{T}}$ 为一拉格朗日乘子向量，代表了车辆状态在各采样点之间发生变化所带来的额外开销。

将车辆动力学模型 $\dot{x}_i'(t)$ 代入哈密顿方程，即，将式 (5.17) 代入式 (5.19)，可

得包含车辆动态的哈密顿方程, 即

$$\mathcal{H}_1 \left[x(t), u(t), \lambda(t), d(t), t \right]$$

$$= \mathcal{L}_1 \left[x(t), u(t), t \right] + \left(\lambda^{s_i(t)}(t), \lambda^{\Delta v_i(t)}(t), \lambda^{a_i(t)}(t) \right) \begin{pmatrix} v_{i-1}(t) - v_i(t) \\ a_{i-1}^{\mathrm{p}}(t) - a_i(t) \\ -\dfrac{1}{\tau} a_i(t) + \dfrac{1}{\tau} u_i(t) \end{pmatrix}$$

$$(5.20)$$

此时, MPC-PVAT 的最优控制量 $u^*(t)$ 可利用期望输出加速度 $u_i(t)$ 对哈密顿方程 $\mathcal{H}_1 \left[x(t), u(t), \lambda(t), d(t), t \right]$ 求导得到, 即

$$u^*(t) = -\frac{\lambda^{a_i(t)}(t)}{\tau k_u} \tag{5.21}$$

哈密顿方程 $\mathcal{H}_1 \left[x(t), u(t), \lambda(t), d(t), t \right]$ 的各项拉格朗日乘子 $\lambda^{\mathrm{T}}(t)$, 可以通过求其内部相应指标的偏导得到, 即

$$-\frac{\mathrm{d}\lambda^{s_i(t)}}{\mathrm{d}t} = \frac{\partial \mathcal{H}_1 \left[x(t), u(t), \lambda(t), d(t), t \right]}{\partial s_i(t)} = k_s \left[s_i(t) - s_i^*(t) \right] \tag{5.22}$$

$$-\frac{\mathrm{d}\lambda^{\Delta v_i(t)}}{\mathrm{d}t} = \frac{\partial \mathcal{H}_1 \left[x(t), u(t), \lambda(t), d(t), t \right]}{\partial \Delta v_i(t)} = k_v \Delta v_i(t) + \lambda^{s_i(t)}(t) \tag{5.23}$$

$$-\frac{\mathrm{d}\lambda^{a_i(t)}}{\mathrm{d}t} = \frac{\partial \mathcal{H}_1 \left[x(t), u(t), \lambda(t), d(t), t \right]}{\partial a_i}$$

$$(5.24)$$

$$= -k_a [a_{i-1}^{\mathrm{p}}(t - \Delta) - a_i(t)] - \lambda^{\Delta v_i(t)}(t) - \frac{\lambda^{a_i(t)}(t)}{\tau}$$

至此, PMP 方法的优化求解对象为由式 (5.18) 和 (5.22)~(5.24) 组成的常系数微分方程组。MPC-PVAT 可根据此方程组进行迭代求解, 得到最优控制向量 $u^*(t)$, 并将其第 1 个元素作为下一时刻的控制量。

5.5　基于 LSTM 的通信延时补偿方法

在 MPC-PVAT 方法设计过程中, 前车加速度预测轨迹 (PVAT) 通过无线通信被传递到跟驰车。然而, 由于通信延时的客观存在, PVAT 数据将存在一定的延时, 如式 (5.18) 和 (5.24) 所示, 从而影响 MPC-PVAT 方法的控制性能, 因此, 本节提出在本车利用 LSTM 神经网络方法对前车加速度轨迹进行预测, 从而可以在延时较大的情况下, 有效地补偿通信延时给 MPC 带来的影响。由于该方法使用了 LSTM 神经网络, 因此, 称其为 MPC-LSTM 方法。

5.5.1   LSTM 预测模型

LSTM 神经网络是在人工循环神经网络 (RNN) 的基础上发展而来，与传统的 RNN 相比，LSTM 神经网络拥有长短期记忆，使得 LSTM 在训练时，解决了 RNN 中出现的梯度消失问题 [27,179]。常见的 LSTM 模型是在 RNN 的基础上增添了 3 个逻辑控制单元，分别为输入门、输出门和遗忘门，如图 5.5 所示。正是因为这个设计的存在，可以调节细胞内外的信息流，使得时间序列预测更加准确 [180]。

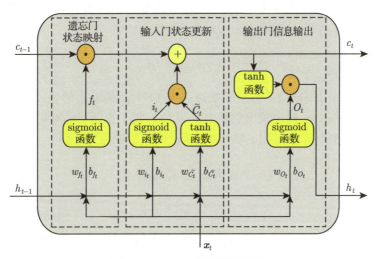

图 5.5   LSTM 预测模型架构

遗忘门 f_t 负责确定在上一个细胞单元输出的信息中需要被删除的信息，将上一时刻的输出信息 h_{t-1} 与隐藏层的特征信息 x_t 共同作为 sigmoid 函数的输入，通过 sigmoid 函数把值压缩在 $0 \sim 1$ 之间，这有助于决定上一时刻细胞的输出信息中有哪些信息需要被更新或者遗忘，从而能够使 LSTM 预测模型记住更长的时间序列。当值接近 0 时，表示该信息需要被遗忘；当值接近 1 时，表示该细胞信息需要被更新。从而将上一时刻的细胞状态 c_{t-1} 映射到当前时刻的细胞状态 c_t，该映射过程可表示为

$$f_t = \sigma \left[w_{f_t}(h_{t-1}, x_t) + b_{f_t} \right] \tag{5.25}$$

式中，x_t 为第 t 个时刻的输入向量；h_{t-1} 为上一时刻的输出信息；$\sigma(\cdot)$ 为 sigmoid 函数；w_{f_t} 和 b_{f_t} 分别表示遗忘门的权值矩阵和偏置向量。

输入门是将上一时刻的输出信息 h_{t-1} 与当前时刻的输入信息 x_t 进行融合，用 i_t 和 $\tilde{C}_t$ 更新存储在单元格状态中的信息。i_t 由 sigmoid 函数得出，而 $\tilde{c}_t$ 则通

过双曲正切函数 tanh 函数更新，即

$$i_t = \sigma(w_{i_t}[h_{t-1}, x_t] + b_{i_t}) \tag{5.26}$$

$$\tilde{C}_t = \tanh(w_{\tilde{C}_t}[h_{t-1}, x_t] + b_{\tilde{C}_t}) \tag{5.27}$$

式中，w_{i_t} 和 b_{i_t} 分别为输入门的权值矩阵和偏置向量；$w_{\tilde{C}_t}$ 和 $b_{\tilde{C}_t}$ 分别为状态更新向量的权值矩阵和偏置向量。

随后，LSTM 需要将上一阶段的细胞状态 c_{t-1} 更新到最新的细胞状态 c_t。在当前阶段，需要将新的隐藏层特征信息 x_t 作为输入门的输入信息，并将其添加到最新的细胞状态 c_t 中。细胞状态的更新过程为

$$c_t = f_t c_{t-1} + i_t \tilde{C}_t \tag{5.28}$$

最后，输出门根据当前的细胞状态决定 LSTM 的输出信息。LSTM 通过当前最新的细胞状态 c_t 确定输出信息 h_t，从而抑制了长期记忆对当前输出的影响。输出门的输出信息 o_t 与细胞的输出信息 h_t 的数学表达式分别为

$$o_t = \sigma[w_{o_t}(h_{t-1}, x_t) + b_{o_t}] \tag{5.29}$$

$$h_t = o_t \tanh(c_t) \tag{5.30}$$

式中，w_{o_t} 和 b_{o_t} 分别为输出门的权值矩阵和偏置向量。

5.5.2　MPC-LSTM 方法

基于上述 LSTM 预测模型，在节省了存储和运算开销的同时，数据预测精度也得到了提升。本节为前车加速度轨迹预测设计了一种 LSTM 架构，如图 5.6 所示。输入层利用本车毫米波雷达检测得到的前车速度和位置信息作为模型的输入信号，隐藏层对当前阶段需要的信息进行识别，并结合最新的输入数据进行组合更新，将加速度预测结果传递到输出层。该过程可以表示为

$$a_{i-1}^{\text{LSTM}}(t) = f_{\text{LSTM}}[X_{\text{LSTM}}(t), \phi], \quad X_{\text{LSTM}}(t) = (v_{i-1}(t), s_{i-1}(t)) \tag{5.31}$$

式中，$a_{i-1}^{\text{LSTM}}(t)$ 为前车加速度轨迹；$f_{\text{LSTM}}[X_{\text{LSTM}}(t), \phi]$ 为神经网络预测函数；$X_{\text{LSTM}}(t)$ 为预测时域内的输入特征矩阵，包括前车绝对速度和位置信息；ϕ 为 LSTM 相关设置参数。

由于毫米波雷达只能检测与前车的相对速度 v'_{i-1} 位置 s'_{i-1} 若想得到前车绝对速度 v_{i-1} 和位置 s_{i-1} 需要一个转换过程。首先，本车通过其高精度定位系统获取其绝对速度 v_i 和位置 s_i。随后，通过与毫米波雷达数据进行融合得到前车的

绝对速度和位置数据，即，$v_{i-1} = v_i + v'_{i-1}$ 和 $s_{i-1} = s_i + s'_{i-1}$。本节假设这一过程无计算误差，且传感器无延时。

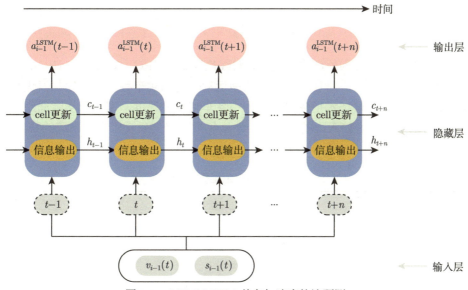

图 5.6 MPC-LSTM 前车加速度轨迹预测

将 LSTM 模型预测的前车加速度轨迹数据应用于 MPC，提出 MPC-LSTM 方法，即

$$\mathcal{H}_2\left[x(t), u(t), \lambda(t), d(t), t\right] = \mathcal{L}_1\left[x(t), u(t), t\right]$$

$$+ \left(\lambda^{s_i(t)}(t), \lambda^{\Delta v_i(t)}(t), \lambda^{a_i(t)}(t)\right) \begin{pmatrix} v_{i-1}(t) - v_i(t) \\ a_{i-1}^{\text{LSTM}}(t) - a_i(t) \\ -\dfrac{1}{\tau}a_i(t) + \dfrac{1}{\tau}u_i(t) \end{pmatrix}$$

$$(5.32)$$

该方法利用了模型预测架构 (MPC) 中的优化过程和深度学习方法 (LSTM) 的实时预测，在确保预测时域内最优控制的同时，缓解通信延时带来的稳定性衰减问题。

5.6 仿真结果评估

仿真测试环境选择 MATLAB 实现车辆队列的三阶车辆动力学模型、网络拓扑、间距策略以及相应的控制方法。车辆队列由 6 辆自动驾驶汽车组成，包含 1

辆头车和 5 辆跟驰车辆。仿真采样时间为 0.1 s。

为了进行更广泛的性能比较，本节还实现了一种由 Vanderwerf 等[164] 提出的 CACC 线性控制器，即

$$u_i = k_a a_{i-1}(t - \Delta) + k_v(v_{i-1}(t) - v_i(t)) + k_s [s_i(t) - v_i(t)t_d - l - G_{\min}] \quad (5.33)$$

本节以通信延时为外部扰动变量，对线性控制、MPC-PVAT 和 MPC-LSTM 方法进行敏感性分析。而且，通过正弦型运动工况和实车数据对各控制器进行系统稳定性测试，主要技术指标包括队列中各车辆的加速度、速度和实际间距。此外，以间距误差作为输入，根据弦稳定性量化指标定义来量化评估系统的稳定性。主要参数设置如表 5.1 所示。

表 5.1   仿真主要参数设置

参数	取值
车头时距/s	0.8
车辆长度/m	4
初始速度/(km/h)	90
预测时域/s	3
前车加速度控制增益	10
速度之差控制增益	3
间距误差控制增益	1
控制量增益	5
控制量约束上界/(m/s²)	−8
控制量约束下界/(m/s²)	1.5
最大速度约束/(km/h)	120
最小间距约束/m	2

5.6.1   基于正弦型运动工况的仿真测试

在测试中，头车加速度遵循周期为 0.06Hz、振幅为 1.5m/s² 的正弦型函数进行实时变化。在起始阶段，各车辆以 90km/h 的速度行驶，并保持理想间距。在匀速行驶 5s 后，头车开始做正弦型振荡运动。

5.6.1.1   通信延时边界测试

在正弦型运动的工况下，测试不同控制方法保证系统稳定的通信延时边界，并给出了线性控制器、MPC-PAVT 和 MPC-LSTM 在 0s，0.4s，0.7s 和 1.5s 延时条件下的加速度、速度、间距试验结果，如图 5.7~图 5.18 所示：线性控制器的通信延时边界为 0.4s，MPC-PAVT 的通信延时边界为 0.7s，而 MPC-LSTM 在各延时条件下均可保证系统稳定。

如图 5.7(a)～(c) 所示：3 种控制器在无延时条件下，其加速度测试结果无显著差别，均可保证车辆队列系统的稳定性。

当延时条件达到线性控制器的延时边界 (0.4 s) 时，如图 5.8(a)～(c) 所示：线性控制器首先出现系统不稳定现象，而 MPC-PAVT 的系统稳定性略有降低；同时，MPC-LSTM 因为采取了通信延时补偿方法，其稳定性无变化。

当延时条件进一步增加到 0.7 s 时，如图 5.9(a)～(c) 所示：线性控制器的系统稳定性大幅度衰减，而 MPC-PAVT 的加速度曲线在第 1 个波峰处出现临界稳定现象，说明 MPC-PAVT 已经达到其延时边界。

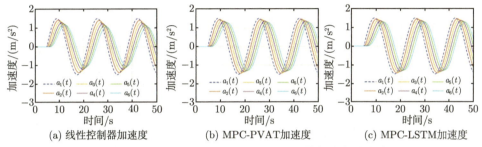

图 5.7　无延时条件下基于正弦型运动工况的加速度测试结果

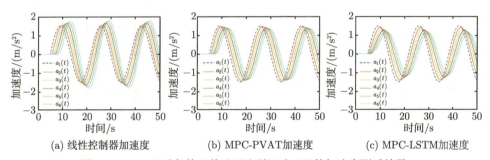

图 5.8　0.4s 延时条件下基于正弦型运动工况的加速度测试结果

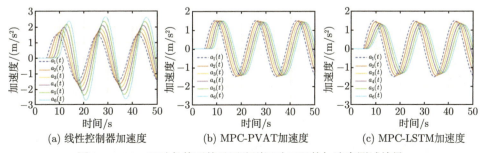

图 5.9　0.7s 延时条件下基于正弦型运动工况的加速度测试结果

在 1.5 s 极端延时条件下，如图 5.10(a)～(c) 所示：线性控制器的稳定性急剧下降，头车输入的加速度扰动向车辆队列上游急剧放大；MPC-PAVT 的系统稳定性有明显下降但仍优于线性控制器；采用线性控制器的车辆队列的执行器极易达到饱和状态，而 MPC-PAVT 的加速度曲线在第 1 个波峰处触发约束条件，以防止执行器饱和；此时，MPC-LSTM 仍然可以保持系统良好的稳定性，因此，以上试验结果表明 MPC-LSTM 在较大延时条件下，仍具有很好的通信延时补偿能力，从而使车辆队列系统保持弦稳定。

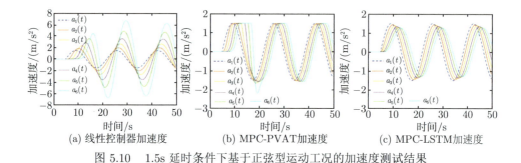

图 5.10　1.5s 延时条件下基于正弦型运动工况的加速度测试结果

图 5.11～图 5.18 给出了 3 种控制器的速度和间距测试结果，与加速度试验结

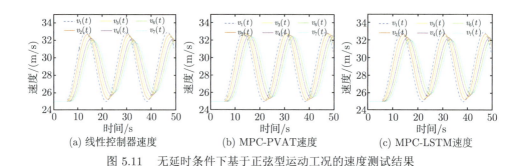

图 5.11　无延时条件下基于正弦型运动工况的速度测试结果

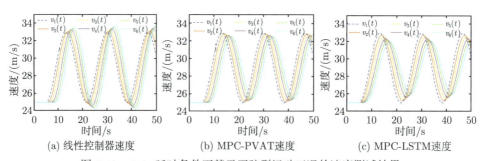

图 5.12　0.4s 延时条件下基于正弦型运动工况的速度测试结果

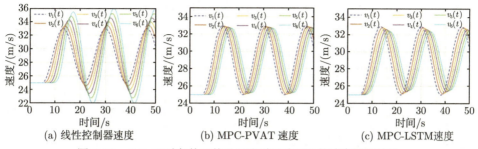

图 5.13　0.7s 延时条件下基于正弦型运动工况的速度测试结果

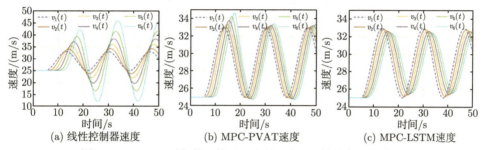

图 5.14　1.5s 延时条件下基于正弦型运动工况的速度测试结果

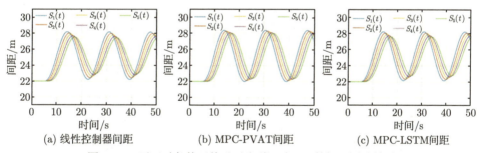

图 5.15　无延时条件下基于正弦型运动工况的间距测试结果

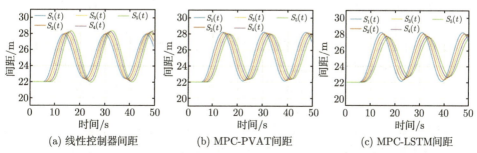

图 5.16　0.4s 延时条件下基于正弦型运动工况的间距测试结果

果相似，这些测试结果均体现出 MPC-LSTM 具有良好的通信延时补偿能力。稍有区别的是，这 2 个指标的变化没有加速度显著，这是因为速度是加速度的积分，而距离又是速度的积分，因此，从试验结果来看，从加速度到速度再到间距的试验数据波动性是逐级递减的。

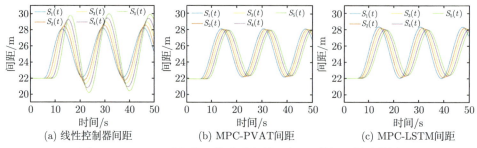

图 5.17　0.7s 延时条件下基于正弦型运动工况的间距测试结果

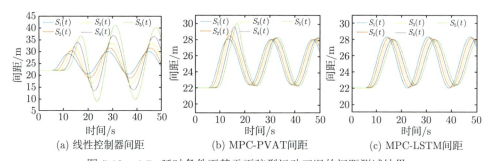

图 5.18　1.5s 延时条件下基于正弦型运动工况的间距测试结果

5.6.1.2　弦稳定性测试

为了对系统的弦稳定性进行量化评价，本节给出 3 种控制器在 0s，0.4s，0.7s，1.5s 延时条件下的间距误差试验结果，分别如图 5.19 ～ 图 5.23 所示。并且，根据弦稳定性量化指标，给出各控制器在相应延时条件下的稳定性量化结果，如图 5.23 所示。

如图 5.19(a)～(c) 所示：在无延时条件下，3 种控制器均可有效地保证系统稳定性。图 5.23 中无延时处的稳定性指标均小于 1，同样证明了这一试验结果。另外，图 5.19(a)～(c) 也展现出线性控制器的间距误差波动比两种 MPC 控制器的间距误差波动要大。

如图 5.20(a)～(c) 所示：当通信延时达到线性控制器的延时边界 0.4s 时，线性控制器开始出现不稳定现象。在图 5.23 中的 0.4s 延时点处，可以观察到线性控制器的稳定性指标已达到 1.042，并超过了其他两种 MPC 控制器。

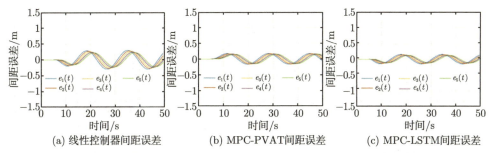

(a) 线性控制器间距误差   (b) MPC-PVAT间距误差   (c) MPC-LSTM间距误差

图 5.19 无延时条件下基于正弦型运动工况的间距误差测试结果

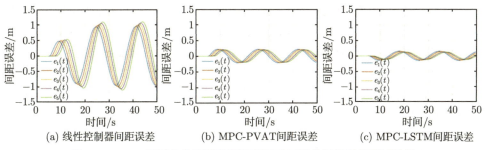

(a) 线性控制器间距误差   (b) MPC-PVAT间距误差   (c) MPC-LSTM间距误差

图 5.20 0.4s 延时条件下基于正弦型运动工况的间距误差测试结果

如图 5.21(a)~(c) 所示：当通信延时继续增加到 0.7s 时，线性控制器的稳定性继续衰减，同时 MPC-PVAT 达到临界稳定状态。在图 5.23 中的 0.7s 延时点处，通过量化指标可以观察到线性控制器的弦稳定性指标已经远远大于 1，而 MPC-PVAT 的稳定性指标为 1.012，刚刚超过稳定性判定阈值 1。

如图 5.22(a)~(c) 所示：当通信延时达到 1.5s 的极端情况，线性控制器和 MPC-PVAT 的间距误差曲线均出现剧烈波动，说明系统稳定性已经是最差状态，而 MPC-LSTM 仍然可以保持系统稳定。在图 5.23 中的 1.5s 延时处，可以观察到线性控制器和 MPC-PVAT 的稳定性指标同时放大而且比较接近，而 MPC-LSTM 的稳定性指标始终处于小于 1 的状态。

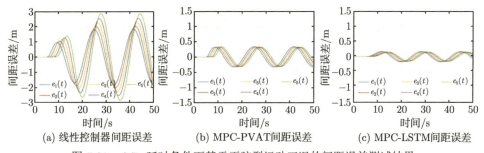

(a) 线性控制器间距误差   (b) MPC-PVAT间距误差   (c) MPC-LSTM间距误差

图 5.21 0.7s 延时条件下基于正弦型运动工况的间距误差测试结果

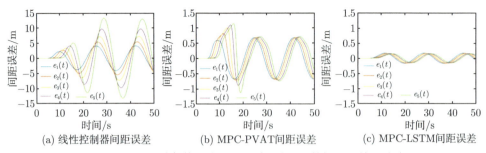

图 5.22　　1.5s 延时条件下基于正弦型运动工况的间距误差测试结果

　　最后，通过观察图 5.23 中各延时下的稳定性量化指标可知：CACC 线性控制器对延时最为敏感，其稳定性随延时成比例增加；MPC-PVAT 在 0.8s 延时之前，凭借 MPC 对延时扰动的容忍性，稳定性指标可以一直保持在 1 以下；当延时进一步增加至 1s 以上时，其对延时的补偿作用快速下降，稳定性指标与线性控制器相当；MPC-LSTM 方法借助 MPC 和 LSMT 对延时的双重补偿作用，始终保持其稳定性指标小于 1。

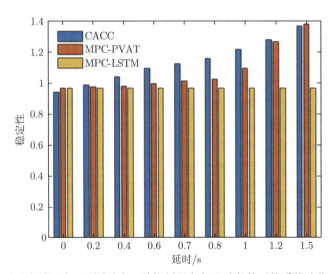

图 5.23　　基于正弦型运动工况测试中三种控制器在各延时条件下的系统弦稳定性量化指标

5.6.2　基于 NGSIM 数据的仿真测试

　　为了测试 MPC-LSTM 在实际应用中的性能，本节选取 NGSIM 数据中 ID 513 车辆的运动状态数据作为头车动态输入。该车辆位于检测区域的第 2 车道，08:08:32 驶入检测区与 08:10:10 驶出。与正弦型运动工况相比，该数据包含了实际车辆运行过程中的多种频率分量，可充分测试控制方法保证系统稳定性的能力。

首先，本节利用头车动态数据对 LSTM、RNNs 和 GRUs 三种深度学习方法的预测性能进行测试。在正弦型运动工况下，没有进行 LSTM 与参考方法的对比，因为呈正弦变化的车辆动态十分规律，3 种方法对其轨迹的预测结果均比较好。而对于实车测试数据，这 3 种方法的预测性能呈现出了一定的差异，如表 5.2 所示。

表 5.2 预测性能对比

预测方法	拟合优度指标	均方根误差
LSTM	0.766	2.132
RNNs	0.739	2.248
GRUs	0.544	2.976

本节通过计算预测轨迹与真实轨迹之间的拟合优度指标和均方根误差来评价各个方法的预测性能。拟合优度指标是预测轨迹与真实轨迹的相关系数的平方，指标越接近于 1 表示两个轨迹的相关性越高。而均方根误差表示的是预测轨迹与真实轨迹之间的样本标准差，数值越小表示预测性能越好。从表 5.2 可以看出：拟合优度指标和均方根误差分别为 0.766 和 2.132，均优于其他两种参考方法，因此，本节选用 LSTM 方法在模型预测架构下对通信延时进行补偿。

随后，本节分别对 3 种控制器在各延时条件下的加速度、速度和间距误差进行测试，试验结果如图 5.24～图 5.36 所示。并根据 2.3 节给出的方法，利用间距误差数据计算各个控制器取得的系统稳定性量化指标，如图 5.36 所示。

如图 5.24(a)～(c) 所示：在无延时的情况下，3 种控制方法可使跟驰车辆的加速度较好地跟踪前车加速度，保证了系统的稳定性。

当延时增加到 0.4s 时，如图 5.25(a)～(c) 所示：线性控制器首先开始出现不稳定状态，且与正弦型运动工况相比，线性控制器在实车数据中的表现更差，即加速度波动更加剧烈；MPC-PVAT 虽然保持了系统稳定性，但其稳定程度大幅衰减，加速度曲线波动变大；这一结果表明，基于实车数据的测试条件更加苛刻，更能反映出控制器的实际性能；在这种苛刻的试验条件下，MPC-LSTM 则表现得比较稳定，通信延时对其影响较小。

当延时达到 0.8s 时，如图 5.26(a)～(c) 所示：MPC-PVAT 控制下的加速度出现明显振荡，系统稳定性下降，而 MPC-LSTM 的系统稳定性依然相对较好。

当延时达到 1.2s 时，如图 5.27(a)～(c) 所示：线性控制器和 MPC-PVAT 的跟驰车辆加速度动态已经表现出大幅度滞后，振荡幅度也急剧增加；在这种情况下，MPC-LSTM 由于使用的是本地信息来预测前车加速度轨迹，其性能并未受到通信延时的影响。

如图 5.28～图 5.31 所示：速度测试结果数据的变化趋势与加速度测试类似，随着延时的增加，线性控制器和 MPC-PVAT 的速度曲线开始大幅振荡，交通安

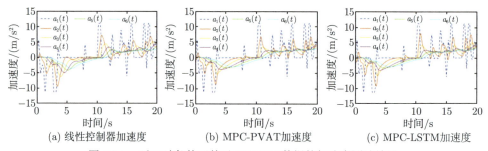

(a) 线性控制器加速度　　　　　(b) MPC-PVAT加速度　　　　　(c) MPC-LSTM加速度

图 5.24　无延时条件下基于 NGSIM 数据的加速度测试结果

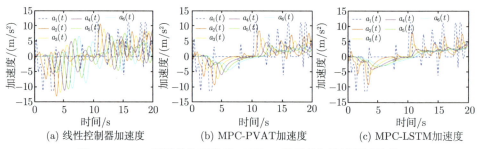

(a) 线性控制器加速度　　　　　(b) MPC-PVAT加速度　　　　　(c) MPC-LSTM加速度

图 5.25　0.4s 延时条件下基于 NGSIM 数据的加速度测试结果

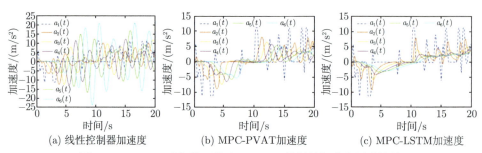

(a) 线性控制器加速度　　　　　(b) MPC-PVAT加速度　　　　　(c) MPC-LSTM加速度

图 5.26　0.8s 延时条件下基于 NGSIM 数据的加速度测试结果

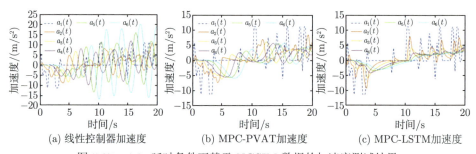

(a) 线性控制器加速度　　　　　(b) MPC-PVAT加速度　　　　　(c) MPC-LSTM加速度

图 5.27　1.2s 延时条件下基于 NGSIM 数据的加速度测试结果

全性急剧下降。但值得一提的是，MPC 的通信延时容忍能力确实比线性控制器更强。其原因在于 MPC 内部结构中具有一个局部优化过程，使 MPC 天然地具有对各种扰动的容忍能力。然而，当延时达到 1.2s 时，即此时处于其抗干扰的容忍能力之外时，MPC-PVAT 的速度曲线仍然无法保持住稳定，出现超调现象。相比于前两种控制器，MPC-LSTM 始终使跟驰车辆的速度保持相对平滑，确保了系统稳定性和交通安全性。

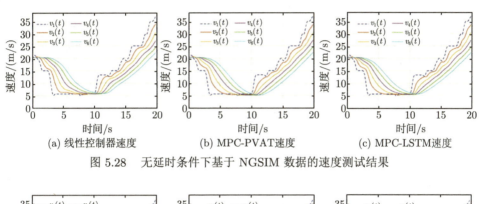

图 5.28　无延时条件下基于 NGSIM 数据的速度测试结果

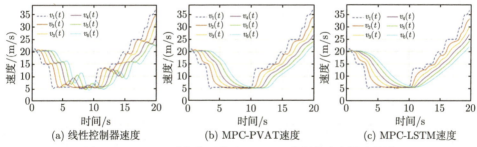

图 5.29　0.4s 延时条件下基于 NGSIM 数据的速度测试结果

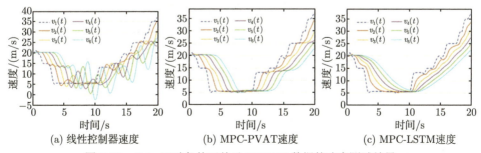

图 5.30　0.8s 延时条件下基于 NGSIM 数据的速度测试结果

如图 5.32(a)~(c) 所示：在无延时条件下，3 种控制器均取得了较小的间距误差。然而，与正弦型工况相比，线性控制器的间距误差波动反倒比两种 MPC 略小一些，这是因为实车数据的波动较频繁，在某些系统动态下线性控制器有可能比 MPC 更灵敏。

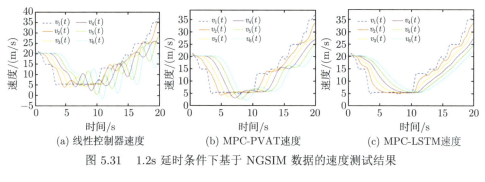

(a) 线性控制器速度　　　　　(b) MPC-PVAT速度　　　　　(c) MPC-LSTM速度

图 5.31　1.2s 延时条件下基于 NGSIM 数据的速度测试结果

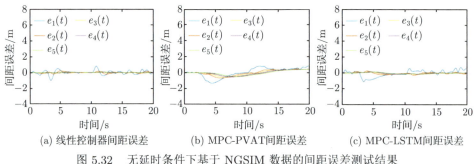

(a) 线性控制器间距误差　　　(b) MPC-PVAT间距误差　　　(c) MPC-LSTM间距误差

图 5.32　无延时条件下基于 NGSIM 数据的间距误差测试结果

当延时增加到 0.4s 时，如图 5.33(a)～(c) 所示：线性控制器的间距误差开始剧烈波动，无法保证系统稳定性，而 MPC 的优势开始展现；MPC-PVAT 的间距误差波动虽然也开始增加，但仍能维持系统稳定。如图 5.36 中 0.4s 延时处稳定性指标所示：线性控制器的稳定性指标已经超过两种 MPC 方法，并且大于 1，这说明线性控制系统已经处于不稳定状态。而两种 MPC 方法的稳定性指标分别为：0.866 和 0.877，仍然显著小于 1。

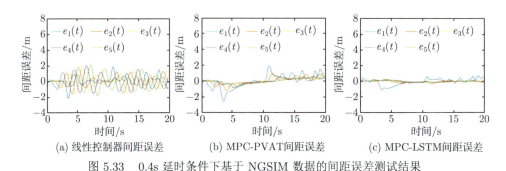

(a) 线性控制器间距误差　　　(b) MPC-PVAT间距误差　　　(c) MPC-LSTM间距误差

图 5.33　0.4s 延时条件下基于 NGSIM 数据的间距误差测试结果

当延时达到 0.8s 时，如图 5.34(a)~(c) 所示：线性控制器和 MPC-PVAT 的间距误差振荡幅度进一步增加，MPC-PVAT 的弦稳定性达到 0.975，处于临界状态，但其稳定性指标仍远远小于线性控制器指标，如图 5.36 中 0.8s 延时处柱状图所示。

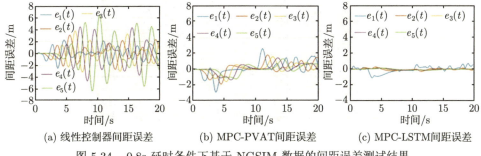

(a) 线性控制器间距误差   (b) MPC-PVAT间距误差   (c) MPC-LSTM间距误差

图 5.34   0.8s 延时条件下基于 NGSIM 数据的间距误差测试结果

最后，通信延时达到了极端的 1.2s，线性控制器和 MPC-PVAT 均无法保证系统稳定。此时，MPC-LSTM 仍可使间距误差处于相对理想状态，如图 5.35(a)~(c) 所示。这些试验结果可通过稳定性量化指标得以显著体现，如图 5.36 中 1.2s 延时处。此时，MPC-LSTM 的稳定性指标比 MPC-PVAT 提升了 20.33%，与线性控制器相比稳定性更是提升了 39.35%。

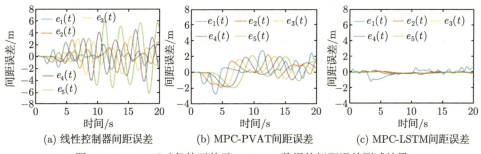

(a) 线性控制器间距误差   (b) MPC-PVAT间距误差   (c) MPC-LSTM间距误差

图 5.35   1.2s 延时条件下基于 NGSIM 数据的间距误差测试结果

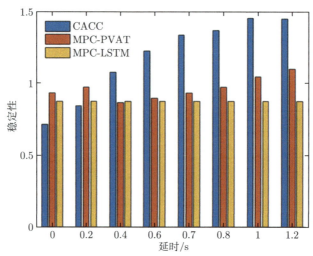

图 5.36　基于 NGSIM 数据测试中三种控制器在各延时条件下的系统弦稳定性量化指标

5.7　结　　语

(1) 为研究 CACC 车辆队列系统中通信延时对系统弦稳定性的影响问题，构建了包括车辆动力学模型、间距策略、网络拓扑和 MPC 纵向控制器的车辆队列系统模型，通过明晰 2 范数和无穷范数弦稳定性条件的物理含义，提出了一种混合范数 CACC 车辆队列弦稳定性量化指标，用于系统稳定性的量化评估。

(2) 为初步缓解通信延时对系统稳定性的影响，设计了一种开环优化与闭环控制相结合的模型预测控制方法，即 MPC-PVAT，通过综合考虑队列的跟驰、安全、通行效率和燃油消耗等性能指标，并利用庞特里亚金最大值原理对所设计的优化问题进行快速求解。控制算法中的优化过程可初步缓解因通信延时所带来的系统扰动。

(3) 为进一步降低通信延时对系统稳定性的影响，在 MPC-PVAT 方法的基础上，提出一种基于长短期记忆 (LSTM) 网络的通信延时补偿方法，即 MPC-LSTM，将跟驰车辆的传感器信息输入 LSTM 网络来预测其前车的运动状态，从根本上解决了短暂数据延时对车辆队列稳定性的影响。

(4) 通过正弦型运动工况和实车数据的仿真测试，证明了 MPC-LSTM 较之线性控制器和 MPC-PVAT，具有显著的通信延时缓解能力；MPC-LSTM 可容忍的通信延时上界大于 1.5s，比 MPC-PVAT 提升了 0.8s，比线性控制器提升了 1.1s；在基于实车数据的测试中，当通信延时增加到 1.2s 时，MPC-LSTM 的弦稳定性指标比 MPC-PVAT 提升 20.33%，与线性控制器相比稳定性提升了 39.35%。

第 6 章 基于遗传算法的控制器平滑切换方法

本章设计了一种基于遗传算法的控制器平滑切换策略。对比已有的研究工作，本章创新点总结如下：本章所提出的车辆队列控制切换策略可根据系统和网络性能实时地进行切换。这种灵活性使得车队控制器可以根据不同的状态和需要进行切换，更加适应不同的实际应用；其次，该方法能够保证控制器的平滑切换，减少因控制器切换而导致的突变影响，进而提高车队系统的稳定性和安全性。

6.1 控制器切换方法

在前面的章节，明晰了 CACC 控制器受通信延时影响较大，为了保证车辆队列的稳定性和高效性，本节基于切换控制的思想设计了车队控制器的平滑切换方法。本章所提出的控制器平滑切换方法可以具体描述为由 CACC 控制器平滑切换为 ACC 控制器，该方法的网络拓扑变化如图 6.1 所示。

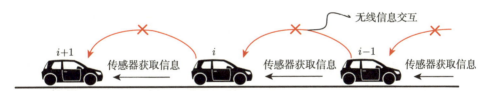

图 6.1 控制器切换后的拓扑结构变化

本章设计的大致思路为：使用模糊逻辑来评价网络性能和系统稳定性，在通信性能好，即通信延时没有达到 CACC 通信延时边界时，车队系统由 CACC 控制器控制，当通信延时达到甚至超出通信延时边界时，此时车队系统变为不稳定状态，模糊逻辑接收到系统的稳定性和网络性能指标，确定此时要进行切换操作，车队系统使用切换控制器进行控制，在切换过程中，使用遗传算法对控制器参数进行优化。

关于车队控制器切换的研究，Gong 等[181] 所提出的 CACC-DIFT 策略可以最小化间距误差和速度跟踪误差，并有效地抑制交通振荡，可以保证良好弦稳定性性能。该方法是对不同 CACC 控制器以及 ACC 控制器之间的切换，实验中控制器的车头时距都设置为 1s，对于 CACC 控制器来说车头时距 1s 限制了其在道路上通行效率。Liu 等[111] 提出了一种安全增强协同自适应巡航控制 (SR-CACC)

策略来抵御意外的通信故障。当检测到并确认无线通信故障时，SR-CACC 系统将自动激活替代的基于传感器的自适应巡航控制策略。此外，为了使变换过程平滑，在 SR-CACC 系统中加入了一种线性平滑变换算法。因而如何在保证 CACC 控制器通行效率的同时平滑切换到 ACC 控制器作为本章的一大难点。

如图 6.2 所示，系统在 t_1 时刻实施控制器切换，此时控制器 u_1 需要切换为控制器 u_2，而 t_1 时刻 u_1 的值与待切换控制器 u_2 的值不同，即图中 A 点与 B 点之间存在跳变，因而 Mallocì 等[187] 设计了一段从 t_1 到 t_2 的缓冲区进行控制器的切换，控制信号在 A 点随时间递减到 C 点，最后在 t_2 时刻完成 u_2 控制器的激活。值得注意的是，在缓冲区期间，系统的状态也会发生变化，因而当缓冲时间结束后，在 t_2 时刻此时控制器的控制信号值与控制器 u_2 在此时的控制信号值不相等。

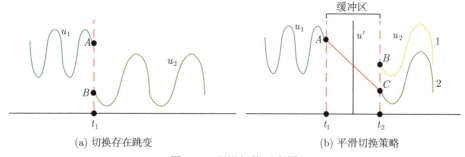

(a) 切换存在跳变　　　　　　　　(b) 平滑切换策略

图 6.2　平滑切换示意图

从图可以看到，t_2 时刻控制信号依旧会有较大的偏差，信号跳变的情况仍然存在，因此上述切换策略并没有从根本上解决切换跳变问题。为了兼顾平滑切换性能和车队系统性能的需求，本章将设计一种通信延时条件下车队平滑切换控制策略。

本章所用到的车辆控制系统可以分为 CACC 控制系统和 ACC 控制系统，对应系统描述为公式 (6.1)：

$$
\begin{cases}
u_i = k_a \cdot a_{i-1}(t-\Delta) + k_v \cdot [v_{i-1}(t) - v_i(t)] + k_s \cdot [d_i(t) - v_i(t)t_d - G_{\min}] & \text{(CACC)} \\
u_i = k_1 \cdot [v_{i-1}(t) - v_i(t)] + k_2 \cdot [d_i(t) - v_i(t)t_d - G_{\min}] & \text{(ACC)}
\end{cases}
$$

$$(6.1)$$

首先在切换点设计一个缓冲区，在缓冲区中采用平滑切换控制器进行平滑过渡，此时的平滑切换控制器将两种车辆控制器耦合起来。所设计的平滑切换控制器描述为公式 (6.2)：

$$u'_i = w_i(t) \cdot (k_a \cdot a_{i-1}(t-\Delta) + k_v \cdot [v_{i-1}(t)-v_i(t)]+k_s \cdot [d_i(t)-v_i(t)t_d-G_{\min}])$$

$$+ (1 - w_i(t)) \cdot (k_1 \cdot [v_{i-1}(t) - v_i(t)] + k_2 \cdot [d_i(t) - v_i(t)t_d - G_{\min}]) \quad (6.2)$$

其中 $w_i(t)$ 需满足 $0 \leqslant w_i(t) \leqslant 1$，上述公式可简化为公式 (6.3)：

$$u' = w(t) \cdot u_1 + (1 - w(t)) \cdot u_2 \quad (6.3)$$

其中 u_1 表示 CACC 控制器，u_2 表示 ACC 控制器。进一步，我们需要设计缓冲区中切换控制器的权重函数 $w_i(t)$，以满足所设计的平滑切换控制器保证平滑切换后不出现信号跳变情况，同时还能保证切换过程中车队系统的性能。因而，需要设计合适的权重函数 $w(t)$ 来解决上述问题。由于 CACC 控制器要平滑切换至 ACC 控制器，首先设计缓冲区中切换控制器输出的趋势，如公式 (6.4) 所示：

$$u_{\mathrm{des}}(t) = u_1(t) + \frac{(u_2(t) - u_1(t)) \cdot (t - t_1)}{t_2 - t_1} \quad (6.4)$$

其次要求切换系统的输出 $y'(t)$ 要贴近原系统的输出 $y(t)$，而系统的输出在这里描述为车辆的加速度，如公式 (6.5) 所示：

$$a(t + 1) = a(t) + \frac{(u(t) - a(t))}{\tau} \times \Delta t \quad (6.5)$$

进而得到用于优化的目标函数如公式 (6.6) 所示：

$$\min f = (u'(t) - u_{\mathrm{des}}(t))^2 + (y'(t) - y(t))^2 \quad (6.6)$$

要求得权重函数的最优参数，即要求目标函数达到最小，而相较于传统的优化算法，遗传算法不需要目标函数的导数，同时对目标函数没有任何的限制，无论目标函数是离散的或是连续的，遗传算法都可以求得其最小值。因此选取遗传算法作对权值参数进行优化，从而实现控制器平滑切换。

6.2 基于遗传算法的控制器切换

6.2.1 遗传算法原理

遗传算法[184] (genetic algorithm，GA) 利用了适者生存的概念，是一种建立在自然选择基础上的搜索优化算法，通常用于搜索疑难问题的最优解。近年来，遗传算法在人工智能领域中得到了广泛应用，针对大型无组织的数据搜索的处理被证明是有效的[182]。此外，遗传算法能够有效解决有约束和无约束的复杂问题，在机器学习方面也深受欢迎[183]。

　　受遗传机制的启发，遗传算法通过模拟生物的进化过程寻找最优解决方案。该算法以一组可行解作为群体开始搜索，并且在搜索过程中进行随机的交叉和变异，以产生更好的解决方案。该过程是不断迭代和进化的，直到满足某个条件为止[184]。如图 6.3 所示，遗传算法主要包含三个基本要素，分别是个体编码、适应度评价和遗传算子。

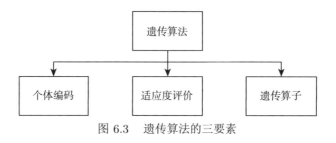

图 6.3　遗传算法的三要素

6.2.1.1　个体编码

　　由于问题空间中的参数多样化，无法对其直接进行处理，因此需利用特定的方式将其转化为遗传空间中的个体，该过程称个体编码。常用的编码方式为二进制编码，即采用二进制串的形式对个体进行表示。个体中的每一位都表示为数字 0 或 1，在一定程度上弱化了对各个参数的依赖性。因为二进制编码可以提供更快的交叉和变异操作，对比传统优化方法其优化速度更快，通过将整个种群进行迭代寻优从而避免陷入局部最优解的不利状态[185]，所以该方案被广泛应用于工程设计方面[186]。

6.2.1.2　适应度评价

　　对于编码后的个体，通常采用适应度函数来评估其优劣程度，该过程称为适应度评价。适应度函数可为种群中的所有个体分配一个相应值，该值即为适应度，可反映个体对于解决优化问题的贡献程度。在实际应用中，适应度函数的选择通常与优化问题的目标函数相关，因为优化问题的目标函数描述了最终希望优化的目标，将其引入到遗传算法的搜索过程中可以指导进化算法朝着期望的方向搜索。由于个体通过适应度函数取得的结果需要与其他个体进行比较，以确定每个个体在选择和进化过程中的相对优劣，因此适应度函数的值常被映射到非负区间上。

6.2.1.3　遗传算子

　　遗传算法中通常包含三种基本遗传算子，分别是选择、交叉和变异。选择算子旨在保留当前种群中的优秀特性，从当前种群中选出适应度较高的个体，将其作为产生下一代个体的"父辈"。交叉算子则将选出的两个优秀"父辈"个体按照一定的方式进行交叉重组，生成新的个体。为提高种群的多样性，变异算子在新生成的个体中以一定的概率对基因进行随机变换，从而产生更多的新个体，该过程可防止算法陷入局部最优解。

遗传算法通过设定的适应度函数来评估每个个体的优劣程度，然后根据这个评估结果进行遗传操作，不需要依赖其他外部信息来指导即可完成。遗传算法的工作原理可以概括为如下几个步骤：

(1) 初始化种群：随机生成一组初始解，作为种群的第一代；

(2) 个体编码：采取特定的编码方式对种群中的个体进行编码，通常采用二进制编码；

(3) 适应度评价：利用适应度函数对每个个体进行评估；

(4) 选择运算：选择适应度高的个体作为父代，常见的选择方法包括"轮盘赌"选择、锦标赛选择、随机选择等；

(5) 交叉运算：将选出的优秀父代个体进行交叉重组，生成新个体。交叉操作可以增加种群的多样性，避免过早收敛；

(6) 变异运算：对子代的某些基因进行变异，生成新的个体。变异操作可以使种群跳出局部最优解，有利于全局搜索；

(7) 重复步骤 (3) 至 (6)，直到满足终止条件 (迭代次数达到预先设定的值或适应度达到某个阈值) 为止；

(8) 输出最优解：在种群中选择适应度最好的个体，该个体即为最优的解决方案。

遗传算法被广泛应用于函数优化、机器学习等领域，具有如下几个优点：全局搜索能力强，遗传算法能够搜索问题的整个解空间，并通过不断地进化和优化寻找全局最优解或近似最优解；自适应性强，遗传算法能够自适应地调整算法参数和运行策略，以适应不同问题的特点和要求；易于并行化，遗传算法的并行化能力强，能够利用多核处理器和分布式计算环境实现高效计算。

6.2.2 控制器平滑切换方法

本节基于遗传算法，在公式 (6.1) 所设计的切换控制器的基础上对 CACC 和 ACC 两个控制器平滑切换策略进行参数优化设计。对于设计的切换控制器，我们在时间离散化的基础上对每辆车的权重函数 $w_i(k)$ 进行优化，因而目标函数为公式 (6.7) 所示：

$$f = \sum_{i=1}^{M} [(u_i'(k) - u_{\mathrm{des},i}(k))^2 + (y_i'(k) - y_i(k))^2] \tag{6.7}$$

其中，M 表示车队中跟驰车辆的总数。得到目标函数后，就可以对每个个体进行评估，进而实施选择运算、交叉运算、变异运算。常见的选择方法有"轮盘赌"选择、锦标赛选择、顺序选择、最优选择，这里我们使用最常用的"轮盘赌算法"作为选择运算的方法，该方法基于"轮盘赌"的思想，根据个体适应度大小，将每个个体在轮盘上的划分比例设为其适应度与种群总适应度之比，然后在轮盘上随机选择。该方法的优点是简单易实现，并且能够保留较优的个体，使得种群中的平均适应度不断提高。首先计算每个个体的适应度，其次将种群中所有个体的适应度进行累计求和从而得到该种群的总适应度，然后计算每个个体的选择概率，即选择每个个体的概率等于其适应度与种群总适应度的比值。

个体的选择概率如公式 (6.8) 所示：

$$\frac{\mathrm{fit}(i)}{\sum\limits_{k=1}^{N} \mathrm{fit}(k)} \tag{6.8}$$

其中，N 表示为种群数量。随后在 $[0,1]$ 范围内产生一个随机数，选择该随机数所覆盖的扇形区域对应的个体作为选定的个体，重复上述操作，直到选定所需数量的个体。显而易见的是，当某些个体适应度特别高的时候，它们被选中的概率也会非常大，这也就保证了这些优秀的个体能够被保留下来，并不断传递其优秀的基因。

常见的交叉算子有单点交叉、两点交叉、均匀交叉等，本方法选用了两点交叉的方法。两点交叉是指在个体的染色体中随机选取两个交叉点，互换两个交叉点之间的部分染色体，如图 6.4 所示。

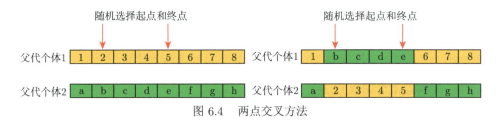

图 6.4　两点交叉方法

变异操作则随机选取染色体上的一个位置，将该位置上的基因按照一定概率进行随机变化。变异操作使得个体具有一定的随机性，增加种群的多样性。

除了遗传算法的相关设定，在本章所提出的方法里，还需要注意权值函数 $w_i(t)$ 的取值范围一定是在 0 和 1 之间的，且在控制器切换前 $w_i(t)$ 恒定为 1，此时车队系统单独由 CACC 控制器进行控制，当经模糊逻辑判定到达切换时刻 t_1 时，遗传算法将开始对其进行权值参数的优化操作，当缓冲区结束后权值函数

$w_i(t)$ 取值恒为 0，即车队系统此时只由 ACC 控制器进行控制。因而，$w_i(t)$ 需要满足公式 (6.9)：

$$
\begin{cases}
w_i(t) = 1, & t = t_1, \\
0 \leqslant w_i(t) \leqslant 1, & t_1 < t < t_2, \\
w_i(t) = 0, & t = t_2
\end{cases}
\tag{6.9}
$$

图 6.5 为使用遗传算法进行参数优化的流程图。

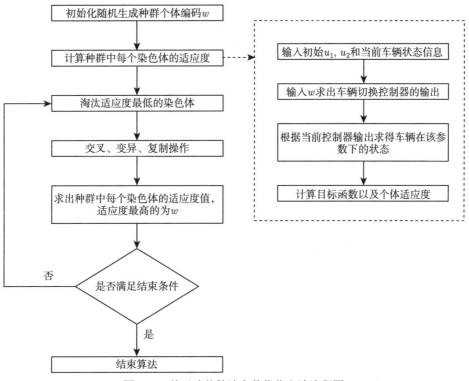

图 6.5　基于遗传算法参数优化方法流程图

6.3　仿真实验

6.3.1　仿真平台介绍

我们采用 MATLAB 进行仿真分析，车辆仿真实验通常需要对车辆的动力学、控制策略、车辆通信等方面进行建模和仿真。MATLAB 作为一种强大的数学软件和编程语言，可以提供很多方便的工具和功能来支持车辆仿真实验。在 MATLAB 中进行模拟仿真实验可以直观地显示仿真结果和参数变化，方便进行实验分析。首先需要建立车辆模型，包括车辆的动力学模型、控制模型等。其次根据实验要求设计对应的车队控制策略例如 CACC 策略和 ACC 策略，在本实验中还需要将模糊逻辑方法和遗传算法设计其中。然后进行构建仿真场景，包括仿真时长、实验工况、车队信息、延时等。接下来进行仿真实验，将车辆模型和控制算法与仿真场景相结合，进行仿真实验。在仿真过程中，可以对仿真参数进行调节和优化，得出仿真实验的结果。最后通过 MATLAB 中工具箱对仿真环境进行数据处理和可视化，最后得出具有参考价值的结果和图表。

　　遗传算法工具箱是 MATLAB 的一个工具箱，用于设计和实现遗传算法。它提供了一些函数和工具，使用户可以更方便地创建、编辑和运行遗传算法，同时还提供了一些示例程序和文档。通过定义适应度函数、选择操作、交叉操作和变异操作等参数，并进行调试和优化，我们可以解决各种优化问题。图 6.6 所示为遗传算法工具箱：

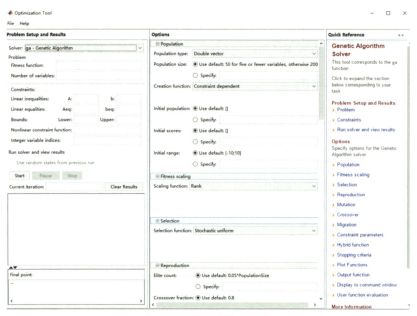

图 6.6　遗传算法工具箱

6.3.2　仿真实验设置

　　本仿真实验使用较复杂的正弦型工况进行仿真，依旧采取一辆头车和五辆跟驰车组成车辆队列。为实现仿真中控制器的自动切换，本研究使用模糊逻辑方法来确定切换时间，将通信延时和系统稳定性作为输入变量，输出变量作为控制器切换的信号，如图 6.7 所示。当输出变量等于或超出阈值 1 时，此时系统由切换控制器控制，紧接着通过遗传算法对权值参数进行优化完成平滑切换操作。遗传算法中设置种群规模为 100，交叉概率为 0.8，变异概率为 0.01，最大进化代数为 200。

图 6.7　切换时间方法设计

仿真实验中车队所采用的 CACC 控制器仍为上文所介绍的 VanderWerf 控制器，在本实验中延时随机在某一时刻增大，仿真参数设置如表 6.1。

表 6.1　实验仿真参数设置

仿真参数	参数值
仿真时长	100s
最大加速度	2m/s^2
最大减速度	-2m/s^2
通信延时	0.2s
机械延时	0.5s
k_a	0.79
k_v	0.23
k_s	0.09
$t_d(\text{CACC})$	0.8s
k_1	0.8
k_2	0.19
$t_d(\text{ACC})$	1.2s

6.3.3　仿真结果

本小节首先通过仿真明晰在正弦型工况下不同通信延时对系统稳定性的影响，仍然从速度、加速度、间距误差三个方向进行分析，图 6.8 所示为 CACC 车辆队列在通信延时为 0.2s，0.3s，0.8s 的仿真结果。

图 6.8 描述了通信延时为 0.2s，0.3s 和 0.8s 时的速度、加速度、间距误差，该仿真结果进一步验证了通信延时边界。当延时还未达到延时边界时，系统能够保持稳定，当延时逐渐增大，加速度、速度、间距误差所受到的扰动影响越大，当延时增大到 0.8s 时，系统的稳定性受到了严重的破坏。

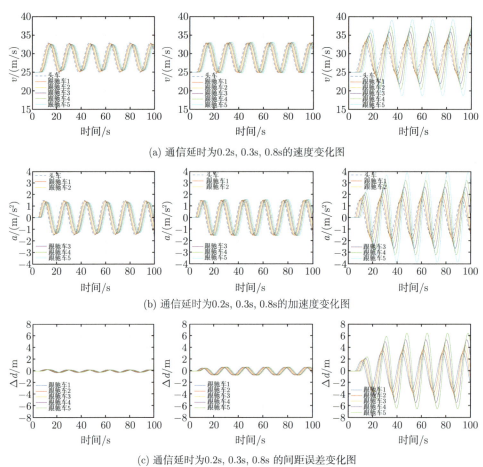

(a) 通信延时为0.2s, 0.3s, 0.8s的速度变化图

(b) 通信延时为0.2s, 0.3s, 0.8s的加速度变化图

(c) 通信延时为0.2s, 0.3s, 0.8s 的间距误差变化图

图 6.8　通信延时为 0.2s，0.3s，0.8s 的速度、加速度、间距误差

　　紧接着本节在"正弦振荡"工况下进行了 CACC 控制器的稳定性量化分析，图 6.9 所示为 CACC 控制器在不同通信延时下的系统稳定性量化结果。观察图 6.9 可以发现 CACC 系统稳定性量化结果随着通信延时的增大而增大，当通信延时超出延时边界 0.3s 后，CACC 系统无法保证车队的稳定性。根据前期研究了解到 ACC 控制器完全不受通信延时的影响，始终保持系统稳定。因而在复杂的加速减速场景下本章所提出的由 CACC 控制器切换为 ACC 控制器的思想是可行的。且由于 ACC 控制器不受通信延时影响，在切换完成后车辆队列系统能够很好地完成跟驰行为。

　　针对延时所带来的不利影响，使用遗传算法实现控制器之间的平滑切换。在本实验中，通信延时在 30s 由 0.2s 突变为 0.8s。图 6.10 所示为采用遗传算法进行参数优化后车队行驶过程中权值函数变化：

从图 6.10 可以观察到，在延时没有达到延时边界时，每辆车的权值参数都为 1，即处于 CACC 模式，在 30s 通信延时突变时，切换控制器开始工作，且遗传算法对车队的跟驰车辆的权值参数进行优化，保证了在 10s 的缓冲区内控制器的平滑切换，在 40s 缓冲区结束时，权值参数变为 0，此时车队由 ACC 模式行驶。

紧接着对比直接切换方法、FL-CACC 方法、SR-CACC 方法和本章所提的平滑切换方法 (GA-CACC 方法) 的仿真实验。图 6.11 ~ 图 6.15 为四种方法的车辆控制器的输出、加速度、速度和间距误差的仿真结果。

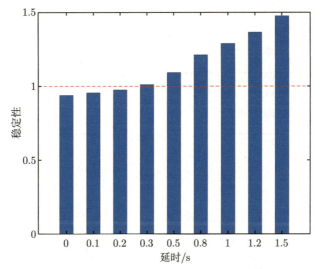

图 6.9　不同通信延时条件下 CACC 控制系统稳定性

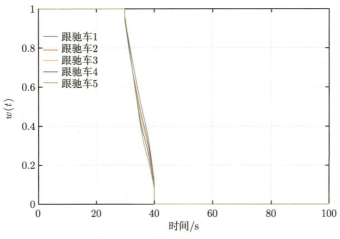

图 6.10　权值函数 $w(t)$ 变化

　　图 6.11 所示为直接切换方法、FL-CACC 方法、SR-CACC 方法以及 GA-CACC 方法的控制器输出变化情况，其中五条不同颜色的实线分别对应了五辆跟驰车辆的控制器输出变化情况。

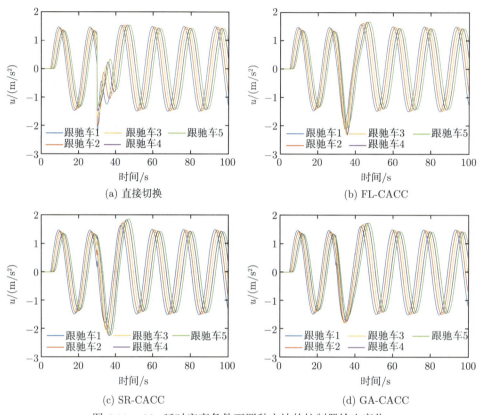

图 6.11   30s 延时突变条件下四种方法的控制器输出变化

　　观察图 6.11(a) ～ 图 6.11(d) 可以发现，在 30s 延时突变时，直接切换方法会导致控制器输出直接突变至 -2.258m/s^2，同时在切换为 ACC 控制器后，控制器的输出还呈现了波动现象，这会对车队的安全性和车辆驾驶舒适性产生很大的负面影响。FL-CACC 方法使得车队控制器的输出更加平滑，但该方法得到的控制器输出会逐渐变化至 -2.321m/s^2，变化幅度相对较大。SR-CACC 方法缓解了控制器的输出突变问题，且在切换过程中控制器输出逐渐变化至 -2.241m/s^2。而本章所提的 GA-CACC 方法在 30s 时经遗传算法优化后实现了控制器之间的平滑切换，其控制器输出在保持原变化趋势的情况下逐渐变化至 -1.724m/s^2，相比于之前的三种方法，该方法更有效地缓解了控制器输出的突变问题，并且在平滑切换的过程中，控制器输出的变化也更加平缓。

图 6.12 所示为 SR-CACC 和 GA-CACC 两种方法在控制器切换过程中控制器输出的具体变化情况。通过观察可以发现 SR-CACC 方法在切换过程中会产生较多的波动，即"小尖峰"现象，如图 6.12(a) 所示。而本章所提的 GA-CACC 方法在切换过程中会产生更少的控制器输出波动，如图 6.12(b) 所示。因此，相较于 SR-CACC 方法，GA-CACC 方法不仅能够进一步缓解控制器输出的突变问题，还能够在切换过程中产生更少的波动，提高了车队控制性能。

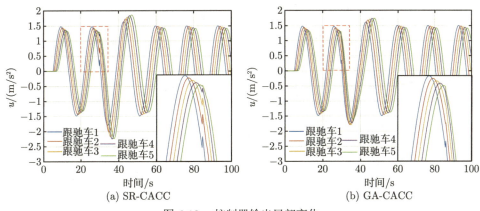

图 6.12　控制器输出局部变化

图 6.13 所示为直接切换方法、FL-CACC 方法、SR-CACC 方法以及 GA-CACC 方法的车队实际加速度变化情况，其中蓝色虚线代表头车的加速度曲线，其余不同颜色的实线则代表了五辆跟驰车辆的加速度变化情况。

观察图 6.13(a) ～ 图 6.13(d) 可以发现，年辆加速度变化与控制器输出变化结果类似，这是因为实际加速度是根据控制器输出而得到的。在 30s 延时突变为 0.8s 的情况下，控制器直接切换方法的车辆加速度直接突变至 -1.722m/s^2，且在切换完成后车辆的加速度出现了明显的波动现象，表明了控制器直接切换会对车队系统造成不良影响。FL-CACC 方法的加速度变化则遵循了头车的变化趋势，但加速度变化到了 -2.223m/s^2，其加速度变化幅度较大。采用 SR-CACC 方法得到的加速度遵循了头车加速度的变化趋势，其加速度逐渐变化至 -2.201m/s^2。而 GA-CACC 方法也很好地适应了头车的加速度变化，且在切换过程中加速度逐渐变化为 -1.696m/s^2，相较于前面三种方法，GA-CACC 方法不仅缓解了突变和波动问题，还使得加速度的变化幅度进一步缩小。

图 6.14 所示为直接切换方法、FL-CACC 方法、SR-CACC 方法以及 GA-CACC 方法的车辆速度变化情况，蓝色的虚线仍表示头车的速度变化情况，其余不同颜色的实线分别表示跟驰车辆的速度变化情况。

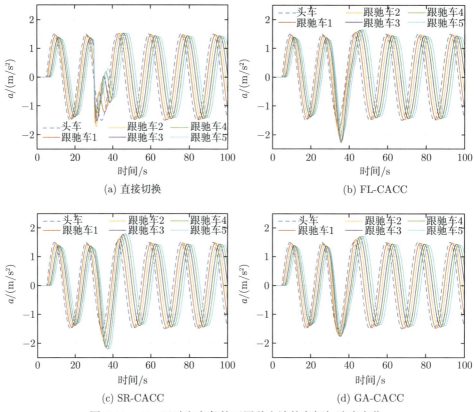

图 6.13　30s 延时突变条件下四种方法的车辆加速度变化

观察图 6.14(a) ~ 图 6.14(d) 可以发现, 直接切换方法在 30s 完成控制器的切换后, 短时间内并没有很好适应头车的速度变化, 甚至在切换完成后还产生了明显

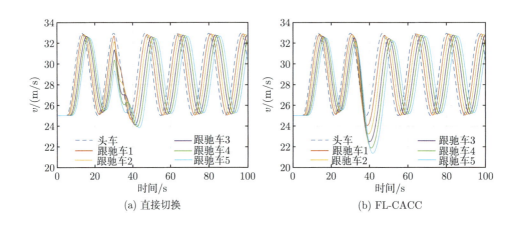

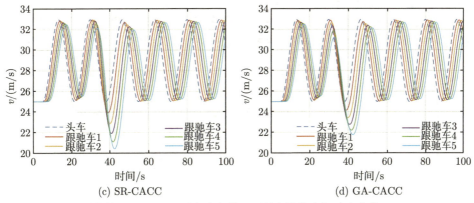

图 6.14　30s 延时突变条件下四种方法的车辆速度变化

的速度波动现象。而 FL-CACC 方法、SR-CACC 方法和 GA-CACC 方法都在 30s 延时增大后继续遵循头车的速度变化趋势，但 SR-CACC 方法的速度变化较大，其最低速度达到了 20.44m/s，FL-CACC 方法的最低速度达到了 21.38m/s，而本章所提的 GA-CACC 方法速度最低变化至 21.77m/s，相较于 FL-CACC 方法和 SR-CACC 方法来说，该方法的速度变化更加平缓。

图 6.15 所示为直接切换方法、FL-CACC 方法、SR-CACC 方法以及 GA-CACC 方法的间距误差变化曲线。其中各个实线代表了车队中跟驰车辆的间距误差变化。

分析图 6.15(a) ∼ 图 6.15(d) 可以发现，直接切换方法得到的间距误差曲线在 30s 突变至 −12.89m，然后随着时间迅速增加，巨大的间距误差变化会对车辆控制器的控制性能和车队安全造成不利影响。FL-CACC 方法在调整控制器参数的过程中间距误差变化至 −8.864m，相较于前者缓解了 31.2% 的突变。SR-CACC 方法将间距误差的变化情况缩减至 −6.264m，相较于直接切换方法缓解了 51.4% 的突变。而本章所提 GA-CACC 方法进一步将间距误差突变情况缩减到了 −3.821m。相较于直接切换方法缓解了 70.3% 的突变，相较于 FL-CACC 方法缓解了 56.8% 的突变，相较于 SR-CACC 方法缓解了 39% 的突变。

最后本实验经过稳定性量化评估，分析了 CACC、直接切换方法、FL-CACC 方法、SR-CACC 方法和 GA-CACC 方法在 30s 通信延时突变为 0.8s 时的系统稳定性，图 6.16 所示为系统稳定性对比结果。

对比图中的柱状图，可以明显观察到不采取任何策略的 CACC 系统在延时突变情况下系统稳定性最差，而其他四种方法都一定程度上提高了系统的稳定性，其中 GA-CACC 方法的系统稳定性最好。在 30s 延时增大时，FL-CACC 方法和 SR-CACC 方法尽管缓解了直接切换带来的突变问题，但其稳定性相较于直接切换方法来说并没有得到提升, 而 GA-CACC 方法在缓解了突变问题的同时还提高了车队稳定性, 相较于直接切换方法稳定性提高了 2.3%; 相较于 FL-CACC 方法, 稳定性提高了 8.2%; 相较于 SR-CACC 方法, 稳定性提高了 7.2%。

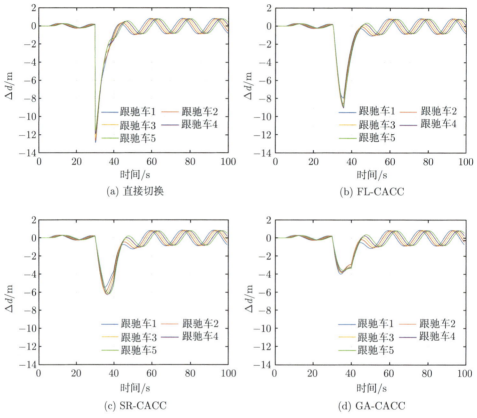

图 6.15　30s 延时突变条件下四种方法的间距误差变化

再次进行仿真实验, 实验仍然采用一辆头车和五辆跟驰车辆在 "正弦振荡" 的工况下进行仿真, 不同的是本次仿真的通信延时在 41s 增大, 通信延时依旧从 0.2s 增大为 0.8s, 图 6.17 ∼ 图 6.19 为仿真结果。

图 6.17 所示为直接切换方法、FL-CACC 方法、SR-CACC、GA-CACC 四种方法的控制器输出变化情况。其中五条不同颜色的实线分别代表车队中五辆跟驰车辆的控制器输出变化情况。

分析图 6.17(a) ∼ 图 6.17(d) 可以得到, 直接切换方法导致控制器输出突变到 $-2.411\mathrm{m/s^2}$, 然后在短时间内又急剧上升, 控制器输出值的剧烈变化也会导致车辆实际加速度发生剧烈变化。FL-CACC 方法在调整参数的过程中控制器输出产生

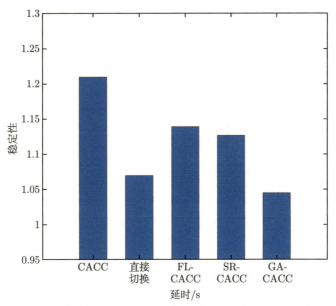

图 6.16　30s 延时突变条件下 CACC、直接切换、FL-CACC、SR-CACC、GA-CACC 稳定性对比图

了大的波动。SR-CACC 方法和 GA-CACC 方法都有效缓解了这种突变问题，同时在不产生大的波动情况下实现了控制器的平滑切换。而 GA-CACC 方法的控制器输出变化至 -1.303m/s^2，SR-CACC 方法的控制器输出变化至 -1.456m/s^2，相较于 SR-CACC 方法，本章所提的 GA-CACC 方法的控制器输出变化更加缓和。

图 6.18 所示为直接切换方法、FL-CACC 方法、SR-CACC、GA-CACC 四种方法的车辆速度变化情况，其中虚线为头车的速度变化情况，其余实线仍表示跟驰车辆的速度变化情况。

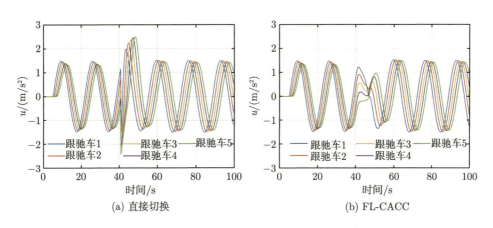

(a) 直接切换　　　　　　　　　　　　(b) FL-CACC

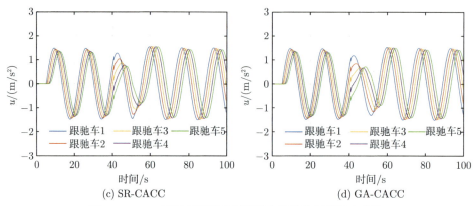

(c) SR-CACC　　　　　　　　　　　(d) GA-CACC

图 6.17　41s 延时突变条件下四种方法的控制器输出变化

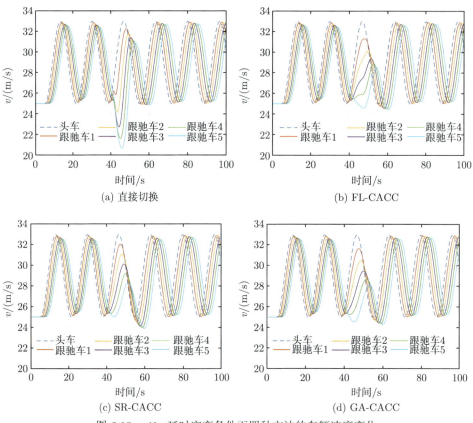

图 6.18　41s 延时突变条件下四种方法的车辆速度变化

观察图 6.18(a) ∼ 图 6.18(d) 可以得到, 直接切换方法在 41s 延时增加后速度短时间变化到 20.68m/s。而 FL-CACC 方法、SR-CACC 方法和 GA-CACC 方法在 41s 后速度都保持在 24m/s 之内，但 FL-CACC 方法在调整过程中不能保证每辆跟驰车的速度都遵循头车的速度变化。反观 GA-CACC 方法同样很大程度上缓解了速度突变问题，同时能够较好地跟随前车的速度变化而变化。除此之外观察 60s 时的速度变化，GA-CACC 方法在完成控制器的切换后，其速度变化相较于 SR-CACC 方法要更加平缓。

图 6.19 所示为直接切换方法、FL-CACC 方法、SR-CACC、GA-CACC 四种方法的间距误差变化情况。

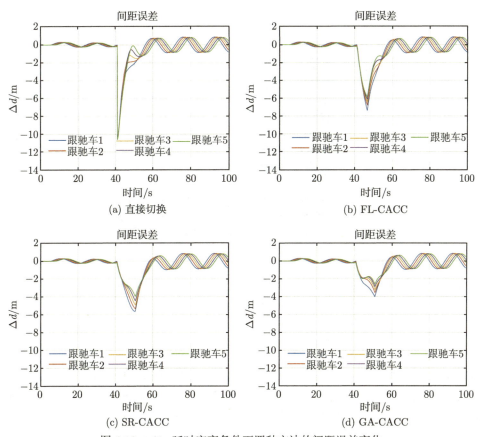

图 6.19　41s 延时突变条件下四种方法的间距误差变化

分析图 6.19(a)~(d) 和图 6.20 可以得到，直接切换方法的间距误差在 41s 突变为 −10.61m，而另外三种方法都缓解了间距误差的突变情况，FL-CACC 方法的间距误差在参数调整过程中达到了 −7.385m，SR-CACC 方法的间距误差在切换过程中达到了 −5.644m 而 GA-CACC 平滑切换方法的间距误差在切换过程中达

到了 −3.976m。GA-CACC 方法相较于直接切换方法缓解了 62.5% 的突变；相较于 FL-CACC 方法缓解了 46.1% 的突变；相较于 SR-CACC 方法缓解了 29.5% 的突变。

接下来对 CACC、直接切换方法、FL-CACC 方法、SR-CACC 方法和 GA-CACC 方法在 41s 延时突变工况下的系统稳定性进行量化评估，稳定性对比结果如图 6.20 所示。

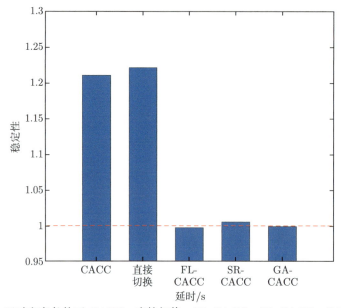

图 6.20　41s 延时突变条件下 CACC、直接切换、FL-CACC、SR-CACC、GA-CACC 稳定性对比图

对比图 6.20，可以观察到不采用切换策略的 CACC 系统在这种工况下无法保证稳定性，而采用直接切换方法的系统其稳定性量化后数值仍然远远大于 1，甚至比原 CACC 系统的稳定性更差。而 FL-CACC 方法、SR-CACC 方法和 GA-CACC 方法的系统稳定性相比前两者有了明显的提高，但 SR-CACC 方法的系统传递函数的模值仍大于 1，即车队系统仍然处于不稳定的状态。FL-CACC 方法尽管保证了系统的稳定性，但在控制器参数调整过程中，车队系统的状态还是会产生较大的波动。而 GA-CACC 方法相较于直接切换方法稳定性提高了 18.1%；相较于 SR-CACC 方法稳定性提高了 0.6%。验证了本章所提的 GA-CACC 方法在保证系统稳定性的同时，还极大地缓解了系统状态的突变现象，保证了车队的控制性能。

6.4 本 章 小 结

本章提出了一种基于遗传算法参数优化的控制器切换方法 (GA-CACC 方法)。通过模糊逻辑确定切换时间后，使用遗传算法实现控制器的平滑切换。首先考虑 CACC 和 ACC 控制器设计了一个切换控制器，其次设计了一段缓冲区进行控制器的切换操作，该切换操作使用遗传算法对切换控制器中的权值函数进行寻优，从而保证权值函数在每辆车中都为最优值。需要注意的是，在切换开始之前保证权值函数值为 1，即 CACC 控制器全权控制，当缓冲区结束时权值函数为 0，即由 ACC 控制器全权控制。紧接着通过 MATLAB 仿真平台进行仿真实验，通过对比控制器输出、速度和间距误差等仿真结果，验证本章所提 GA-CACC 方法的可行性，不仅能实现控制器的平滑切换，还能够缓解切换过程中的突变问题，同时提高了车辆队列的稳定性。

第 7 章　基于台架的车辆队列稳定性测试与分析

在本章中，我们将利用前文搭建的基于台架的车辆队列稳定性测试系统对通信延时边界理论进行进一步的测试验证，实验共分为两步：第一步是进行基于台架的车辆队列稳定性校正，第二步是在"正弦振荡"场景下对车辆队列稳定性进行测试与分析。第一步的目的是为了确保待测车辆的纵向控制效果能够达到测试要求，第二步的目的是为了进行通信延时条件下车辆队列稳定性的测试分析，验证延时边界理论，同时能够与仿真结果进行对比分析。

7.1　硬件及参数配置

本章搭建的基于台架的车辆队列稳定性测试系统所选用的硬件设备包括乘用车道路动态模拟试验台架、东软 DSRC 设备的车载通信单元、周立功 USBCAN 接口卡、长安大学"信达号"无人车以及两台笔记本电脑。其中将虚拟前车 DSRC 设备 A 的广播频率设为 10Hz，将 IP 地址设置为 192.168.161.121，相应地将虚拟前车上位机 A 的 IP 地址设置为 192.168.161.1；将待测车辆 DSRC 设备 B 的 IP 地址设置为 192.168.161.122，相应地将待测车辆上位机 B 的 IP 地址设置为 192.168.161.2；周立功 USBCAN 接口卡使用第 1 路 CAN 总线，波特率设置为 500Kbps，波特率寄存器设置为 0X0060007，工作模式设置为正常模式，滤波模式设置为禁能滤波，表 7.1 汇总了台架系统测试中所有的硬件设备参数设置细节。

表 7.1　硬件设备参数设置

设备参数	参数值
DSRC 设备 A 广播频率	10Hz
DSRC 设备 A IP 地址	192.168.161.121
DSRC 设备 B IP 地址	192.168.161.122
上位机 A IP 地址	192.168.161.1
上位机 B IP 地址	192.168.161.2
CAN 总线路数	第 1 路
波特率	500Kbps
波特率寄存器	0X0060007
工作模式	正常模式
滤波模式	禁能滤波

需要说明的是，东软 DSRC 设备通信单元在室内无阻挡环境下的平均通信延时在 10ms 以下，绝大部分在 2~4ms 之间，几乎可以忽略不计，因此默认在没有经过人工干预的情况下，DSRC 无线信道的通信延时近似为 0。

7.2 车辆队列稳定性校正

在正式进行实验之前，需要对台架上的车辆队列稳定性进行校正，这是因为尽管所选用的乘用车道路动态模拟试验台架能够很好地模拟道路摩擦系数，但由于滚轮的特殊性不可避免地会存在一些滑动摩擦，车辆队列稳定性与实际路面上的表现存在差异，因此需要对待测车辆的下层纵向控制模型参数进行校正，以适应在台架上进行动态模拟跟驰的过程。

由于车辆纵向控制的下层实现并不是本章的重点，在此仅列出了所使用的算法以及需要校正的参数，本章中待测车辆的油门控制使用的是增量式 PID 算法，如公式 (7.1) 所示。

$$\Delta u = u_t(k) - u_t(k-1)$$
$$= k_p[e(k) - e(k-1)] + k_i e(k) + k_d[e(k) - 2e(k-1) + e(k-2)] \quad (7.1)$$

其中，k_p, k_i, k_d 分别为 PID 算法中的比例、积分和微分系数；$u_t(k)$ 表示第 $k(k = 0, 1, 2, \cdots)$ 个采样时刻的控制量；$e(k)$ 表示第 k 个采样时刻的速度输入偏差。

比例系数 k_p 的作用是加快系统的响应速度，以提高系统的调节精度。随着 k_p 的增大，系统的响应速度越快，系统的调节精度越高，但是系统易产生超调，使得系统的稳定性变差，甚至会导致系统不稳定。k_p 取值过小，调节精度降低，响应速度变慢，调节时间加长，使系统的动静态性能变差。

积分系数 k_i 的一个最主要作用是消除系统的稳态误差。k_i 越大，系统的稳态误差消除越快，但 k_i 也不能过大，否则在响应过程的初期会产生积分饱和现象。若 k_i 过小，系统的稳态误差将难以消除，影响系统的调节精度。

微分系数 k_d 的作用是改善系统的动态性能，其主要作用是在响应过程中抑制偏差向任何方向的变化，对偏差变化进行提前预报。但 k_d 不能过大，否则会使响应过程提前制动，延长调节时间，并且会降低系统的抗干扰性能。

在车辆队列稳定性校正过程中，主要是对微分系数 k_d 进行了校正，通过让虚拟前车的上位机发送阶跃函数形式的速度信息来观察待测车辆的响应，进行了多组实验并最终选定了效果最优的参数值。

7.2.1 实验场景设计

在表 7.2 实验参数设置中硬件设备参数设置的基础上，表 7.2 实验参数设置新增了用于评估车辆队列稳定性的实验参数，主要分为两个部分：一部分是用于车辆下层控制 CAN 数据帧的参数，包括数据帧发送格式、帧类型、帧发送间隔以及帧超时时间等；另一部分则是 CTG 控制策略的参数，与前文理论分析和仿真参数设置一致，将 CTG 控制策略参数 k_a，k_v，k_s，t_d 及 $G_{\min}$ 分别设置为 0.6，0.4，0.2，1s 及 2m。

表 7.2　实验参数设置

实验参数	参数值
实验时长	2s
数据帧类型	标准帧
数据帧发送格式	自发自收
数据帧发送间隔	400ms
数据帧超时时间	1000ms
t_d	1s
k_a	0.6
k_v	0.4
k_s	0.2
$G_{\min}$	2m
虚拟前车速度	10km/h

　　在上述场景中进行测试，由于本场景是为了对台架上的车辆队列稳定性进行校正，因此实验场景比较简单，虚拟前车以 10km/h 的车速行驶，并保持 20s 的时间一直到实验结束，目的是为了观察并分析待测车辆针对于阶跃函数形式输入的响应，而后通过调整微分系数 k_d 对车辆队列稳定性进行校正。虚拟前车的速度和加速度信息如图 7.1 所示。

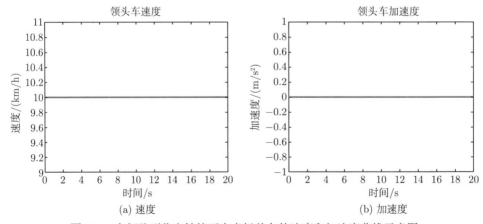

图 7.1　车辆队列稳定性校正中虚拟前车的速度和加速度曲线示意图

7.2.2　测试结果分析

根据前文提出的测试评价指标，对车辆队列在稳定性校正过程中的速度、速度误差以及间距误差结果进行分析，由于本场景是为了校正参数确保稳定性，不涉及到通信延时的探讨，故本场景下的通信延迟均为 0。为了更好地选取微分系数 k_d，进行了多次试验，出于简洁明了的考虑，选取了 k_d 分别取 5.3，5.35，5.4 时车辆队列的稳定性进行分析。

1) 速度分析

车辆队列的速度信息如图 7.2 所示。

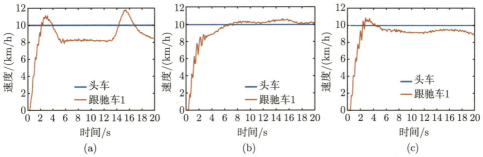

图 7.2　不同微分系数条件下车辆队列的速度示意图。其中微分系数 k_d 分别为 (a)5.3；(b)5.35；(c)5.4

图 7.2 显示了微分系数 k_d 分别取 5.3，5.35 以及 5.4 时的车辆队列速度信息，其实在之前已经进行了多组实验寻找最合适的取值，限于文章篇幅在此只挑选了最后一组比较实验。从图 7.2 (a) 中能够很明显地发现在 k_d 取 5.3 时，车辆队列的跟驰性能比较差，表现在待测车辆车速波动较大，且无法很好地跟上虚拟前车的车速；如图 7.2(c) 所示，在 k_d 取 5.4 时，能够观察到待测车辆的速度明显稳定了很多，但是也存在过调的问题，导致待测车辆提前制动，没有很好地跟上虚拟前车的车速；如图 7.2(b) 所示，当 k_d 取 5.35 时，能够发现待测车辆的跟驰效果及稳定性都很好，在第 6s 左右达到 10km/h 的车速并能相对保持车速的稳定，符合实验的需求。为了更加直观地显示所选微分系数的优越性，还需要进行速度误差以及间距误差的分析。

2) 速度误差分析

车辆队列的速度误差信息如图 7.3 所示。

如图 7.3 所示，也能很明显地发现微分系数 k_d 对速度误差的影响，如图 7.3(a) 所示，在微分系数偏小时，车辆队列的速度误差振荡比较明显，且不能稳定在 0km/h 左右，这是稳定性差的具体表现；如图 7.3(c) 所示，当微分系数偏大时，尽管能够很好缓解速度误差振荡的问题，但也造成了过调的问题，使得最终的速度误差稳定在 1km/h 左右；如图 7.3(b) 所示，当微分系数取到理想值 5.35 时，能够明显发现速度误差项变得平缓且最终能稳定在 0km/h 左右，表明此时车辆队列处于很好的稳定状态，可能速度误差项的区别不够明显，接下来进行更加直观的间距误差分析。

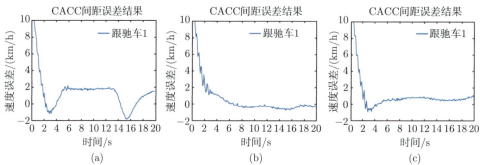

图 7.3　不同微分系数条件下车辆队列的速度误差示意图。其中微分系数 k_d 分别为 (a)5.3；(b)5.35；(c)5.4

3) 间距误差分析

车辆队列的间距误差信息如图 7.4 所示。

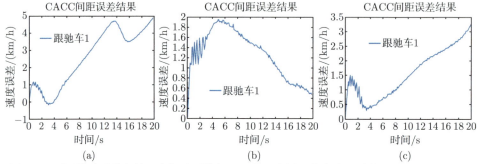

图 7.4　不同微分系数条件下车辆队列的间距误差示意图。其中微分系数 k_d 分别为 (a)5.3；(b)5.35；(c)5.4

如图 7.4 所示，与前面的速度以及速度误差分析相比，间距误差更加直观地反映出了微分系数对车辆队列稳定性的影响。如图 7.4(a)、图 7.4(c) 所示，在微分系数偏小及偏大时，车辆队列的间距误差项均不能收敛到 0m，而是会一直扩大，实际意义就是在车辆跟驰时车辆间距会越拉越大，这会带来一系列的问题，首先是交通效率的急剧下降，这就违背了引入车辆队列的初衷，其次车辆队列间距的拉大也会影响车辆间通信质量，进一步地导致车辆队列稳定性的恶化；如图 7.4(b)

所示，在微分系数取到合适值 5.35 时，间距误差在经过短暂的拉大之后很快能收敛到 0m 附近，相对于其他取值体现了车辆队列良好的稳定性。

综上所述，在经过一系列的参数验证后，最终选定了微分系数 k_d 的取值为 5.35，该取值能够确保车辆队列在没有通信延时的条件下保持良好的稳定性，为后续开展通信延时边界的验证试验奠定了良好的基础。

7.3 正弦振荡场景下车辆队列稳定性测试与分析

7.3.1 实验场景设计

在表 7.3 中硬件设备参数设置的基础上，表 7.3 新增了用于评估车辆队列稳定性的实验参数，主要分为三个部分：第一部分是用于车辆下层控制 CAN 数据帧的参数，包括数据帧发送格式、帧类型、帧发送间隔以及帧超时时间等；第二部分则是 CTG 控制策略的参数，与前文理论分析和仿真参数设置一致，将 CTG 控制策略参数 k_a，k_v，k_s，t_d 及 $G_{\min}$ 分别设置为 0.6，0.4，0.2，1s 及 2m；第三部分则是车辆下层 PID 控制的微分系数 k_d，根据 7.2 节的参数校正，最终取值为 5.35。

表 7.3　实验参数设置

实验参数	参数值
实验时长	155s
数据帧类型	标准帧
数据帧发送格式	自发自收
数据帧发送间隔	400ms
数据帧超时时间	1000ms
t_d	1s
k_a	0.6
k_v	0.4
k_s	0.2
$G_{\min}$	2m
k_d	5.35

在上述场景中进行测试，为了使测试场景能够更加贴合实际情况，本场景中虚拟前车的速度信息也由真实车辆采集而来，而后通过积分、微分等操作计算出虚拟前车的加速度和位置信息，形成虚拟前车的数据文件，而后通过重放的方式将虚拟前车的消息发送给待测车辆，考虑到台架系统的安全性，虚拟前车近似正弦函数的速度振幅约为 5km/h，虚拟前车的速度和加速度信息如图 7.5 所示。

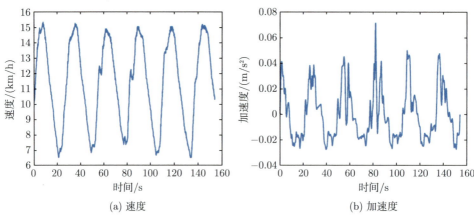

(a) 速度

(b) 加速度

图 7.5   "正弦振荡"场景中虚拟前车的速度和加速度曲线示意图

根据前文提出的测试评价指标，在基于台架的测试系统上对车辆队列在"正弦振荡"过程中的速度、速度误差、间距误差结果进行分析，为了使待测车辆有充分的时间调整，根据通信延时从 0~0.5s 设置了多组对照试验，目的就是为了观察各测试指标在通信延时逐渐增大直至到达延时边界过程中的变化情况，但在实验过程中我们发现，台架测试不能像仿真测试一样进行完美的变量控制，导致各组实验之间差距较小，且存在一定的偶然性。因此为了更加直观地展示实验结果，选取了通信延时在 0s(即没有延时) 以及 0.5s 的结果进行分析。

7.3.2   测试结果分析

1) 速度分析

车辆队列的速度信息如图 7.6 所示。

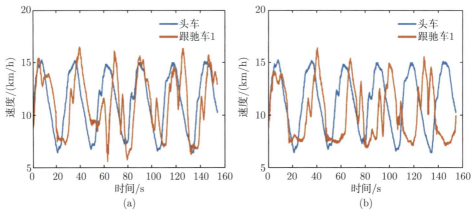

(a)

(b)

图 7.6   不同通信延时条件下车辆队列的速度示意图。其中通信延时分别为 (a)0s；(b)0.5s

如图 7.6 所示，能够明显地发现通信延时增大对于车辆队列速度的影响。如图 7.6(a) 所示，在没有通信延时时，待测车辆能够较好地跟踪虚拟前车的速度，反映出较好的稳定性；但当通信延时到达边界 0.5s 时，如图 7.6(b) 所示，能够明显发现待测车辆从第二个周期开始跟驰速度曲线的相位开始右移，到第六个周期时已经相差了半个相位，表明待测车辆不能够很好地跟踪虚拟前车的车速，为了更好地反映通信延时对车辆稳定性的影响，进行了速度误差分析。

2) 速度误差分析

车辆队列的速度误差信息如图 7.7 所示，此处为了更加直观地展示通信延时分别在 0s 以及 0.5s 时的速度误差结果，将实验结果画在了一起。

通过将通信延时分别在 0s 以及 0.5s 时的速度误差结果画到一张图上，能够更加直观地反映出通信延时对于车辆队列速度误差项的影响。如图 7.7 所示，能够明显地发现两个问题：第一个问题是随着通信延时的增加，速度误差项的扰动更加剧烈，且存在一定的相位偏移现象；第二个问题是随着通信延时的增加，速度误差项的振幅也大幅度增加，达到了 8km/h，且随着时间推移有着扩大的趋势。

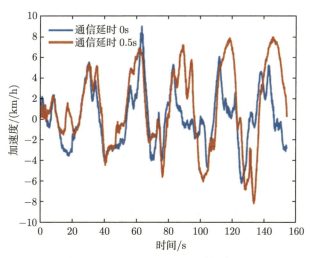

图 7.7　不同通信延时条件下车辆队列的速度误差示意图

由于速度误差项的意义是前车速度与待测车速的差值，上述问题其实表明了随着通信延时从 0s 达到边界 0.5s 的过程中，两车之间的相对车速变化更加剧烈且随着时间推移有着不断扩大的趋势，这会严重影响车辆队列的性能，造成严重的安全威胁，接下来进一步进行间距误差的分析。

3) 间距误差分析

车辆队列的间距误差信息如图 7.8 所示，此处为了更加直观地展示通信延时分别在 0s 以及 0.5s 时的间距误差结果，将实验结果画在了一起。

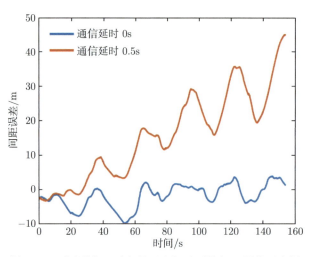

图 7.8　不同通信延时条件下车辆队列的间距误差示意图

通过将通信延时分别在 0s 以及 0.5s 时的间距误差结果画到一张图上，能够更加直观地反映出通信延时对于车辆队列间距误差项的影响。如图 7.8 所示，能够明显发现两个问题：第一个问题是随着通信延时的增加，待测车辆对于跟驰车距的控制越来越滞后，具体体现在间距误差项的相位滞后上；第二个问题在于，在通信延时为 0s 时，可以发现车辆队列的间距误差在短暂的波动之后能够稳定在 0m 上下，表明了很好的车辆队列稳定性，但在通信延时达到边界 0.5s 时，能够发现随着时间的推移，间距误差项虽然也有回落，但明显呈现出扩大的趋势，在实验结束时已然超过了 40m。

由于间距误差项的意义是车辆队列中跟驰车距与理想车距的差值，上述问题其实表明了随着通信延时从 0s 达到边界 0.5s 的过程中，两车之间的距离会随着时间的推移越拉越远，这也会造成两个后果：第一是交通流量的严重下降，由于车辆跟驰车距的不断扩大，会造成道路资源的浪费，也会造成交通流量的严重下降；第二是随着车辆跟驰车距的不断扩大，会加剧车间通信的不确定性，比如通信延时增加、障碍物遮蔽等等因素，从而会进一步加剧车辆队列的不稳定性，造成安全隐患。

7.4　台架测试与仿真测试对比分析

本章在台架测试中能够发现，在达到通信延时边界时，车辆队列已经无法保持稳定性，间距误差随着时间的推移越拉越大，表现出的是一种彻底的不稳定性。因此接下来将对于这种现象进行原因分析。

第一，待测车辆的底层控制问题。本章是通过 CAN 数据帧的方式对待测车辆进行控制的，这就涉及帧发送间隔时间的确定，时间间隔过短会导致车辆跟不上数据帧发送的速度，时间间隔过长则会导致车辆速度控制不够灵敏。经过多次试验以及实验室之前的工作经验，最终将帧发送时间间隔定为 400ms。但在实际情况中，虚拟前车广播自身信息的频率是 10Hz，即每隔 100ms 广播一次，这就造成了在待测车辆端有关虚拟前车的状态信息与控制数据帧速率不匹配的问题。而在Plexe 仿真环境中，则是基于数值的离散型仿真，仿真步长是统一设置的 100ms，因而不存在这种问题，且仿真环境中的车辆控制是理想状态下的，因此仿真的实验结果会比台架系统的测试结果要理想许多，这是可以预见的。

第二，实验变量的控制问题。在仿真环境中，能够很轻松地进行实验变量的控制，通过各种模型参数的设置，能够完美地控制车辆的执行器迟滞、传感器延时以及通信延时；但是在台架测试中，首先我们不能人为地去调整待测车辆的执行器迟滞，其次由于本章是通过忽略在室内视距条件下 DSRC 设备传输的真实延时 (平均 2~4ms)，同时在虚拟前车上位机程序中为加速度项手动添加延时的方式来实现通信延时的模拟，这就导致本来应该不受延时影响的传感器信息项 (速度、位置) 也会不可避免地受到真实 DSRC 传输信道延时的影响，导致实验结果出现一些偏差。

参 考 文 献

[1] XU Z, LI X, ZHAO X, et al. DSRC versus 4G-LTE for connected vehicle applications: a study on field experiments of vehicular communication performance[J/OL]. Journal of Advanced Transportation, 2017, 2017: 1-10. DOI:10.1155/2017/2750452.

[2] ZHAO X, LI X, XU Z, et al. An optimal game approach for heterogeneous vehicular network selection with varying network performance[J/OL]. IEEE Intelligent Transportation Systems Magazine, 2019, 11(3): 80-92. DOI:10.1109/MITS.2019.2919563.

[3] XU Z, WANG Y, WANG G, et al. Trajectory optimization for a connected automated traffic stream: comparison between an exact model and fast heuristics[J/OL]. IEEE Transactions on Intelligent Transportation Systems, 2021, 22(5): 2969-2978. DOI:10.1109/TITS.2020.2978382.

[4] XU Z, WEI T, EASA S, et al. Modeling relationship between truck fuel consumption and driving behavior using data from internet of vehicles[J/OL]. Computer-Aided Civil and Infrastructure Engineering, 2018, 33(3): 209-219. DOI:10.1111/mice.12344.

[5] ROTHERY R, SILVER R, HERMAN R, et al. Analysis of experiments on single-lane bus flow[J/OL]. Operations Research, 1964[2022-10-10]. https://pubsonline. informs.org/doi/abs/10.1287/opre.12.6.913.DOI:10.1287/opre.12.6.913.

[6] KUNZE R, RAMAKERS R, HENNING K, et al. organization and operation of electronically coupled truck platoons on German motorways[J/OL]. Automation, Communication and Cybernetics in Science and Engineering 2009/2010, 2011: 427-439. DOI:10.1007/978-3-642-16208-4_39.

[7] BISHOP R, BEVLY D, SWITKES J, et al. Results of initial test and evaluation of a Driver-Assistive Truck Platooning prototype[C/OL]. 2014 IEEE Intelligent Vehicles Symposium Proceedings, 2014: 208-213. DOI:10.1109/IVS.2014.6856585.

[8] TSUGAWA S. Results and issues of an automated truck platoon within the energy ITS project[C/OL]. 2014 IEEE Intelligent Vehicles Symposium Proceedings. 2014: 642-647. DOI:10.1109/IVS.2014.6856400.

[9] BERGENHEM C, HEDIN E, SKARIN D. Vehicle-to-vehicle communication for a platooning system[J/OL]. Procedia-Social and Behavioral Sciences, 2012, 48: 1222-1233. DOI:10.1016/j.sbspro.2012.06.1098.

[10] SHLADOVER S E, YUN X, YANG L, et al. Cooperative adaptive cruise control (CACC) for partially automated truck platooning: CA18-2623[R/OL]. (2018-03-01) [2023-02-27]. https://rosap.ntl.bts.gov/view/dot/43776.

[11] YU J, ZHANG W. The commercialization of autonomous driving will take the lead in commercial vehicles[J]. Commercial Vehicles, 2018(4): 19-21.

[12] 百度 Apollo 在长沙完成全国首例 L3 及 L4 级别等多车型高速场景自动驾驶车路协同演示 [EB/OL]. [2023-02-27]. https://ishare.ifeng.com/c/s/7j0dsbFITET.

[13] SHANG C. New Developments in the autonomous driving of commercial vehicles[J]. Commercial Automotive News, 2019(17): 11.

[14] WU N. Driverless trucks enable smart logistics[J/OL]. Digital Economy, 2019(12): 72-75. DOI:10.19609/j.cnki.cn10-1255/f.2019.12.013.

[15] DEY K C, YAN L, WANG X, et al. A review of communication, driver characteristics, and controls aspects of cooperative adaptive cruise control (CACC)[J/OL]. Ieee Transactions on Intelligent Transportation Systems, 2016, 17(2): 491-509. DOI:10.1109/TITS.2015.2483063.

[16] WANG Z, WU G, BARTH M J. A review on cooperative adaptive cruise control (CACC) systems: architectures, controls, and applications[M]. 2018 21st International Conference on Intelligent Transportation Systems (itsc). New York: IEEE, 2018: 2884-2891.

[17] FENG S, ZHANG Y, LI S E, et al. String stability for vehicular platoon control: Definitions and analysis methods[J/OL]. Annual Reviews in Control, 2019, 47: 81-97. DOI:10.1016/j.arcontrol.2019.03.001.

[18] 徐志刚, 李金龙, 赵祥模, 等. 智能公路发展现状与关键技术 [J/OL]. 中国公路学报, 2019, 32(8): 1-24. DOI:10.19721/j.cnki.1001-7372.2019.08.001.

[19] LI S E, ZHENG Y, LI K, et al. An overview of vehicular platoon control under the four-component framework[C/OL]. 2015 IEEE Intelligent Vehicles Symposium (IV). 2015: 286-291. DOI:10.1109/IVS.2015.7225700.

[20] SWAROOP D, HEDRICK J K. String stability of interconnected systems [J/OL]. IEEE Transactions on Automatic Control, 1996, 41(3): 349-357. DOI:10.1109/9.486636.

[21] KWON J W, CHWA D. Adaptive bidirectional platoon control using a coupled sliding mode control method[J/OL]. IEEE Transactions on Intelligent Transportation Systems, 2014, 15(5): 2040-2048. DOI:10.1109/TITS.2014.2308535.

[22] 郑洋. 基于四元素构架的车辆队列动力学建模与分布式控制 [D/OL]. 北京: 清华大学, 2015[2022-08-02]. https://kns.cnki.net/kcms/detail/detail. aspx?dbcode=CMFD &dbname=CMFD2016 02&filename=1016713116.nh&uniplatform=NZKPT&v=KP8 Nn-Ohc7mLEe6IvzOU vZPHEmqjdx8HuO4xhVttBwE1rxwSPWpJZKA7ncPf3sBD.

[23] LIN F, FARDAD M, JOVANOVIC M R. Optimal control of vehicular formations with nearest neighbor interactions[J/OL]. IEEE Transactions on Automatic Control, 2012, 57(9): 2203-2218. DOI:10.1109/TAC.2011.2181790.

[24] BAROOAH P, MEHTA P G, HESPANHA J P. Mistuning-based control design to improve closed-loop stability margin of vehicular platoons[J/OL]. IEEE Transactions on Automatic Control, 2009, 54(9): 2100-2113. DOI:10.1109 /TAC.2009.2026934.

[25] HAO H, BAROOAH P. Control of large 1D networks of double integrator agents: Role of heterogeneity and asymmetry on stability margin[C/OL]. 49th IEEE Conference on Decision and Control (CDC). 2010: 7395-7400. DOI:10.1109/CDC.2010.5717477.

[26] RAJAMANI R. Vehicle Dynamics and Control[M]. New York: Springer, 2011[2021-08-11].

[27] TIAN B, WANG G, XU Z, et al. Communication delay compensation for string stability of CACC system using LSTM prediction[J/OL]. Vehicular Communications, 2021, 29: 100333. DOI:10.1016/j.vehcom.2021.100333.

[28] XING H, PLOEG J, NIJMEIJER H. Compensation of communication delays in a cooperative ACC system[J/OL]. IEEE Transactions on Vehicular Technology, 2020, 69(2): 1177-1189. DOI:10.1109/TVT.2019.2960114.

[29] ZHANG Y, TIAN B, XU Z, et al. A local traffic characteristic based dynamic gains tuning algorithm for cooperative adaptive cruise control considering wireless communication delay[J/OL]. Transportation Research Part C: Emerging Technologies, 2022, 142: 103766. DOI:10.1016/j.trc.2022.103766.

[30] WANG M, LI H, GAO J, et al. String stability of heterogeneous platoons with non-connected automated vehicles[M/OL]. 2017. DOI:10.1109/ITSC.2017.8317792.

[31] ZHOU Y, AHN S. Robust local and string stability for a decentralized car following control strategy for connected automated vehicles[J/OL]. Transportation Research Part B-Methodological, 2019, 125: 175-196. DOI:10.1016/j.trb.2019.05.003.

[32] TIAN B, DENG X, XU Z, et al. Modeling and numerical analysis on communication delay boundary for CACC string stability[J/OL]. IEEE Access, 2019, 7: 168870-168884. DOI:10.1109/ACCESS.2019.2954978.

[33] PLOEG J, SCHEEPERS B T M, VAN NUNEN E, et al. Design and experimental evaluation of cooperative adaptive cruise control[C/OL]. 2011 14th International IEEE Conference on Intelligent Transportation Systems (ITSC). Washington, DC, USA: IEEE, 2011: 260-265[2021-02-27]. http://ieeexplore.ieee.org/document/6082981/. DOI:10.1109/ITSC.2011.6082981.

[34] SEILER P, PANT A, HEDRICK K. Disturbance propagation in vehicle strings [J/OL]. IEEE Transactions on Automatic Control, 2004, 49(10): 1835-1842. DOI:10.1109/TAC.2004.835586.

[35] LESTAS I, VINNICOMBE G. Scalability in heterogeneous vehicle platoons[C/OL]. 2007 American Control Conference. 2007: 4678-4683. DOI:10.1109/ACC.2007.4283022.

[36] SHAW E, HEDRICK J K. String stability analysis for heterogeneous vehicle strings[C/OL]. 2007 American Control Conference. 2007: 3118-3125. DOI:10.1109/ACC.2007.4282789.

[37] PETERS A A, MIDDLETON R H, MASON O. Leader tracking in homogeneous vehicle platoons with broadcast delays[J/OL]. Automatica, 2014, 50(1): 64-74. DOI:10.1016/j.automatica.2013.09.034.

[38] KLINGE S, MIDDLETON R H. Time headway requirements for string stability of homogeneous linear unidirectionally connected systems[C/OL]. Proceedings of the 48h IEEE Conference on Decision and Control (CDC) held jointly with 2009 28th Chinese Control Conference. 2009: 1992-1997. DOI:10.1109/CDC.2009.5399965.

[39] HARFOUCH Y A, YUAN S, BALDI S. An adaptive switched control approach to heterogeneous platooning with intervehicle communication losses[J/OL]. IEEE Transactions on Control of Network Systems, 2018, 5(3): 1434-1444. DOI:10.1109/TCNS.2017.2718359.

[40] MONTANINO M, MONTEIL J, PUNZO V. From homogeneous to heterogeneous traffic flows: L_p String stability under uncertain model parameters [J/OL]. Transportation Research Part B: Methodological, 2021, 146: 136-154. DOI:10.1016/j.trb.2021.01.009.

[41] YANAKIEV D, KANELLAKOPOULOS I. Nonlinear spacing policies for automated heavy-duty vehicles[J/OL]. IEEE Transactions on Vehicular Technology, 1998, 47(4): 1365-1377. DOI:10.1109/25.728529.

[42] 罗莉华. 汽车自适应巡航控制及相应宏观交通流模型研究 [D/OL]. 浙江大学, 2011 [2022-08-10]. https://kns.cnki.net/kcms/detail/detail.aspx?dbcode=CDFD&dbname=CDFD1214&filename=1012315691.nh&uniplatform=NZKPT&v=qwR0x_IO4hxP deqEyJwss7 WLc3MfpSUlpFmVNEgksR0MBWXkP2PGRkpbdlkcKWz0.

[43] GUO L, GE P, QIAO Y, et al. Multi-objective adaptive cruise control strategy based on variable time headway[C/OL]. 2018 IEEE Intelligent Vehicles Symposium (IV), 2018: 203-208. DOI:10.1109/IVS.2018.8500365.

[44] CHEN J, ZHOU Y, LIANG H. Effects of ACC and CACC vehicles on traffic flow based on an improved variable time headway spacing strategy[J/OL]. IET Intelligent Transport Systems, 2019, 13(9): 1365-1373. DOI:10.1049/iet-its.2018.5296.

[45] JIANG Z, ZHANG H, YANG B. An improved variable time headway strategy for ACC[C/OL]. Proceedings of the 2019 International Conference on Robotics, Intelligent Control and Artificial Intelligence. New York, NY, USA: Association for Computing Machinery, 2019: 293-299[2022-08-10]. https://doi.org/10.1145/3366194.3366246. DOI:10.1145/3366194.3366246.

[46] LI Y, LV Q, ZHU H, et al. Variable time headway policy based platoon control for heterogeneous connected vehicles with external disturbances [J/OL]. IEEE Transactions on Intelligent Transportation Systems, 2022: 1-11. DOI:10.1109/ TITS.2022.3170647.

[47] WANG J, RAJAMANI R. Adaptive cruise control system design and its impact on highway traffic flow[C/OL]. Proceedings of the 2002 American Control Conference (IEEE Cat. No.CH37301), 2002, 5: 3690-3695. DOI:10.1109/ACC. 2002.1024501.

[48] SWAROOP D v a h g. String stability of interconnected systems: an application to platooning in automated highway systems[J/OL]. 1997[2021-02-27]. https://escholarship.org/uc/item/86z6h1b1.

[49] XIAO L yun, GAO F. Effect of information delay on string stability of platoon of automated vehicles under typical information frameworks[J/OL]. Journal of Central South University of Technology, 2010, 17(6): 1271-1278. DOI:10.1007/s11771-010-0631-0.

[50] EYRE J, YANAKIEV D, KANELLAKOPOULOS I. A simplified framework for string stability analysis of automated vehicles[J/OL]. Vehicle System Dynamics, 1998, 30(5): 375-405. DOI:10.1080/00423119808969457.

[51] ZHENG Y, EBEN LI S, WANG J, et al. Stability and scalability of homogeneous vehicular platoon: study on the influence of information flow topologies[J/OL]. IEEE Transactions on Intelligent Transportation Systems, 2016, 17(1): 14-26. DOI:10.1109/TITS.2015.2402153.

[52] BIAN Y, ZHENG Y, LI S E, et al. Reducing time headway for platoons of connected vehicles via multiple-predecessor following[C/OL]. 2018 21st International Conference on Intelligent Transportation Systems (ITSC). 2018: 1240-1245. DOI:10.1109/ITSC.2018.8569652.

[53] YU X, GUO G, LEI H. Longitudinal cooperative control for a bidirectional platoon of vehicles with constant time headway policy[C/OL]. 2018 Chinese Control And Decision Conference (CCDC). 2018: 2427-2432. DOI:10.1109/CCDC.2018.8407532.

[54] CHEHARDOLI H, GHASEMI A. Adaptive centralized/decentralized control and identification of 1-D heterogeneous vehicular platoons based on constant time headway policy[J/OL]. IEEE Transactions on Intelligent Transportation Systems, 2018, 19(10): 3376-3386. DOI:10.1109/TITS.2017.2781152.

[55] LONG H, KHALATBARISOLTANI A, HU X. MPC-based eco-platooning for homogeneous connected trucks under different communication topologies[C/OL]. 2022 IEEE Intelligent Vehicles Symposium (IV). 2022: 241-246. DOI:10.1109/IV51971.2022.9827236.

[56] DAI Y, YANG Y, ZHONG H, et al. Stability and safety of cooperative adaptive cruise control vehicular platoon under diverse information flow topologies[J/OL]. Wireless Communications and Mobile Computing, 2022, 2022: e4534692. DOI:10.1155/2022/4534692.

[57] SHEIKHOLESLAM S, DESOER C A. Longitudinal control of a platoon of vehicles[C/OL]. 1990 American Control Conference. 1990: 291-296. DOI:10.23919/ACC.1990.4790743.

[58] VANDERWERF J, SHLADOVER S, KOURJANSKAIA N, et al. Modeling effects of driver control assistance systems on traffic[J/OL]. Transportation Research Record: Journal of the Transportation Research Board, 2001, 1748(1): 167-174. DOI:10.3141/1748-21.

[59] GHASEMI A, KAZEMI R, AZADI S. Stable decentralized control of a platoon of vehicles with heterogeneous information feedback[J/OL]. IEEE Transactions on Vehicular Technology, 2013, 62(9): 4299-4308. DOI:10.1109/TVT.2013.2253500.

[60] HAO H, BAROOAH P, MEHTA P G. Stability margin scaling laws for distributed formation control as a function of network structure[J/OL]. IEEE Transactions on Automatic Control, 2011, 56(4): 923-929. DOI:10.1109/TAC.2010.2103416.

[61] BAMIEH B, JOVANOVIC M R, MITRA P, et al. Coherence in large-scale networks: dimension-dependent limitations of local feedback[J/OL]. IEEE Transactions on Automatic Control, 2012, 57(9): 2235-2249. DOI:10.1109/TAC.2012.2202052.

[62] ZHANG Y, KOSMATOPOULOS B, IOANNOU P A, et al. Using front and back information for tight vehicle following maneuvers[J/OL]. IEEE Transactions on Vehicular Technology, 1999, 48(1): 319-328. DOI:10.1109/25.740110.

[63] LEVINE W, ATHANS M. On the optimal error regulation of a string of moving vehicles[J/OL]. IEEE Transactions on Automatic Control, 1966, 11(3): 355-361. DOI:10.1109/TAC.1966.1098376.

[64] CHU K C. Optimal dencentralized regulation for a string of coupled systems[J/OL]. IEEE Transactions on Automatic Control, 1974, 19(3): 243-246. DOI:10.1109/TAC.1974.1100538.

[65] LIANG C Y, PENG H. Optimal adaptive cruise control with guaranteed string stability[J/OL]. Vehicle System Dynamics, 1999, 32(4-5): 313-330. DOI:10.1076/vesd.32.4.313.2083.

[66] GE J I, OROSZ G. Optimal control of connected vehicle systems with communication delay and driver reaction time[J/OL]. IEEE Transactions on Intelligent Transportation Systems, 2017, 18(8): 2056-2070. DOI:10.1109/TITS.2016.2633164.

[67] ZHU Y, ZHAO D, ZHONG Z. Adaptive optimal control of heterogeneous CACC system with uncertain dynamics[J/OL]. IEEE Transactions on Control Systems Technology, 2019, 27(4): 1772-1779. DOI:10.1109/TCST.2018.2811376.

[68] ZHOU J, PENG H. Range policy of adaptive cruise control vehicles for improved flow stability and string stability[J/OL]. IEEE Transactions on Intelligent Transportation Systems, 2005, 6(2): 229-237. DOI:10.1109/TITS.2005.848359.

[69] RAJAMANI R, TAN H S, LAW B K, et al. Demonstration of integrated longitudinal and lateral control for the operation of automated vehicles in platoons[J/OL]. IEEE Transactions on Control Systems Technology, 2000, 8(4): 695-708. DOI:10.1109/87.852914.

[70] 任殿波, 张继业. 基于 Lyapunov 函数方法的延时车辆纵向跟随控制 [J/OL]. 控制与决策, 2007(8): 918-921, 926. DOI:10.13195/j.cd.2007.08.80.rendb.024.

[71] 任殿波, 张继业, 李维军. 基于滑模控制的延时自动车辆跟随系统数学模型 [J]. 公路交通科技, 2008(1): 142-145.

[72] GAO F, HU X, LI S E, et al. Distributed adaptive sliding mode control of vehicular platoon with uncertain interaction topology[J/OL]. IEEE Transactions on Industrial Electronics, 2018, 65(8): 6352-6361. DOI:10.1109/TIE.2017.2787574.

[73] PLOEG J, SHUKLA D P, VAN DE WOUW N, et al. Controller synthesis for string stability of vehicle platoons[J/OL]. IEEE Transactions on Intelligent Transportation Systems, 2014, 15(2): 854-865. DOI:10.1109/TITS.2013.2291493.

[74] ZHU Y, HE H, ZHAO D. LMI-based synthesis of string-stable controller for cooperative adaptive cruise control[J/OL]. IEEE Transactions on Intelligent Transportation Systems, 2020, 21(11): 4516-4525. DOI:10.1109/TITS.2019.2935510.

[75] WANG M, HOOGENDOORN S P, DAAMEN W, et al. Delay-compensating strategy to enhance string stability of adaptive cruise controlled vehicles [J/OL]. Transportmetrica B: Transport Dynamics, 2018, 6(3): 211-229. DOI:10.1080/21680566. 2016.1266973.

[76] 田彬, 姚柯, 王孜健, 等. 基于模型预测控制的 CACC 系统通信延时补偿方法 [J/OL]. 交通运输工程学报, 2022, 22(04): 361-381. DOI:10.19818/j.cnki.1671-1637.2022.04.028.

[77] ZHOU A, GONG S, WANG C, et al. Smooth-switching control-based cooperative adaptive cruise control by considering dynamic information flow topology[J/OL]. Transportation Research Record, 2020, 2674(4): 444-458. DOI:10.1177/ 0361198120910734.

[78] MA G, WANG B, GE S S. Robust optimal control of connected and automated vehicle platoons through improved particle swarm optimization[J/OL]. Transportation Research Part C: Emerging Technologies, 2022, 135: 103488. DOI:10. 1016/j.trc.2021.103488.

[79] PLOEG J, VAN DE WOUW N, NIJMEIJER H. Lp string stability of cascaded systems: application to vehicle platooning[J/OL]. IEEE Transactions on Control Systems Technology, 2014, 22(2): 786-793. DOI:10.1109/TCST.2013.2258346.

[80] CAUDILL R J, GARRARD W L. Vehicle-follower longitudinal control for automated transit vehicles[J/OL]. Journal of Dynamic Systems, Measurement, and Control, 1977, 99(4): 241-248. DOI:10.1115/1.3427114.

[81] RAMAKERS R, HENNING K, GIES S, et al. Electronically coupled truck platoons on German highways[C/OL]. 2009 IEEE International Conference on Systems, Man and Cybernetics. 2009: 2409-2414. DOI:10.1109/ICSMC.2009.5346393.

[82] PEPPARD L. String stability of relative-motion PID vehicle control systems[J/OL]. IEEE Transactions on Automatic Control, 1974, 19(5): 579-581. DOI:10.1109/TAC. 1974.1100652.

[83] NAUS G J L, VUGTS R P A, PLOEG J, et al. String-stable CACC design and experimental validation: a frequency-domain approach[J/OL]. IEEE Transactions on Vehicular Technology, 2010, 59(9): 4268-4279. DOI:10.1109/TVT.2010.2076320.

[84] CHU K. Decentralized control of high-speed vehicular strings[J/OL]. Transportation Science, 1974[2022-08-23]. https://pubsonline.informs.org/doi/abs/10.1287/trsc. 8.4.361.DOI:10.1287/trsc.8.4.361.

[85] BESSELINK B, JOHANSSON K H. String stability and a delay-based spacing policy for vehicle platoons subject to disturbances[J/OL]. IEEE Transactions on Automatic Control, 2017, 62(9): 4376-4391. DOI:10.1109/TAC.2017.2682421.

[86] DARBHA S, RAJAGOPAL K R. Intelligent cruise control systems and traffic flow stability[J/OL]. Transportation Research Part C: Emerging Technologies, 1999, 7(6): 329-352. DOI:10.1016/S0968-090X(99)00024-8.

[87] 于晓海, 郭戈. 车队控制中的一种通用可变时距策略 [J/OL]. 自动化学报, 2019, 45(7): 1335-1343. DOI:10.16383/j.aas.c190080.

[88] LIU X H, GOLDSMITH A, MAHAL S S, et al. Effects of communication delay on string stability in vehicle platoons[M/OL]. 2001 IEEE Intelligent Transportation Systems-Proceedings. New York: IEEE, 2001: 625-630. DOI:10.1109/ITSC.2001. 948732.

[89] ZHANG L, OROSZ G. Motif-based design for connected vehicle systems in presence of heterogeneous connectivity structures and time delays[J/OL]. IEEE Transactions on Intelligent Transportation Systems, 2016, 17(6): 1638-1651. DOI:10.1109/ TITS.2015.2509782.

[90] ABOLFAZLI E, BESSELINK B, CHARALAMBOUS T. On time headway selection in platoons under the MPF topology in the presence of communication delays[J/OL]. IEEE Transactions on Intelligent Transportation Systems, 2022, 23(7): 8881-8894. DOI:10.1109/TITS.2021.3087484.

[91] XIAO L, GAO F. Practical string stability of platoon of adaptive cruise control vehicles[J/OL]. IEEE Transactions on Intelligent Transportation Systems, 2011, 12(4): 1184-1194. DOI:10.1109/TITS.2011.2143407.

[92] ROS F J, RUIZ P M, STOJMENOVIC I. Acknowledgment-based broadcast protocol for reliable and efficient data dissemination in vehicular Ad Hoc Networks [J/OL]. IEEE Transactions on Mobile Computing, 2012, 11(1): 33-46. DOI:10.1109/ TMC.2010.253.

[93] ZHU H, CHANG S, LI M, et al. Exploiting temporal dependency for opportunistic forwarding in urban vehicular networks[C/OL]. 2011 Proceedings IEEE INFOCOM. 2011: 2192-2200. DOI:10.1109/INFCOM.2011.5935032.

[94] HAZARIKA B, SINGH K, BISWAS S, et al. DRL-based resource allocation for computation offloading in IoV Networks[J/OL]. IEEE Transactions on Industrial Informatics, 2022, 18(11): 8027-8038. DOI:10.1109/TII.2022.3168292.

[95] XIA Y, WU L, WANG Z, et al. Cluster-enabled cooperative scheduling based on reinforcement learning for high-mobility vehicular networks[J/OL]. IEEE Transactions on Vehicular Technology, 2020, 69(11): 12664-12678. DOI:10. 1109/TVT.2020.3029561.

[96] SAHIN T, KHALILI R, BOBAN M, et al. VRLS: a unified reinforcement learning scheduler for vehicle-to-vehicle communications[C/OL]. 2019 IEEE 2nd Connected and Automated Vehicles Symposium (CAVS). 2019: 1-7. DOI:10.1109/ CAVS.2019. 8887834.

[97] XIONG K, ZHANG Y, FAN P, et al. Mobile service amount based link scheduling for high-mobility cooperative vehicular networks[J/OL]. IEEE Transactions on Vehicular Technology, 2017, 66(10): 9521-9533. DOI:10.1109/TVT.2017.2714863.

[98] WANG X, JIN T, HU L, et al. Energy-efficient power allocation and q-learning-based relay selection for relay-aided D2D communication[J/OL]. IEEE Transactions on Vehicular Technology, 2020, 69(6): 6452-6462. DOI:10.1109/TVT.2020.2985873.

[99] SU Y, LU X, ZHAO Y, et al. Cooperative communications with relay selection based on deep reinforcement learning in wireless sensor networks[J/OL]. IEEE Sensors Journal, 2019, 19(20): 9561-9569. DOI:10.1109/JSEN.2019.2925719.

[100] WANG C, GONG S, ZHOU A, et al. Cooperative adaptive cruise control for connected autonomous vehicles by factoring communication-related constraints[J/OL]. Transportation Research Part C: Emerging Technologies, 2020, 113: 124-145. DOI:10.1016/j.trc.2019.04.010.

[101] VAN NUNEN E, VERHAEGH J, SILVAS E, et al. Robust model predictive cooperative adaptive cruise control subject to V2V impairments[C/OL]. 2017 IEEE 20th International Conference on Intelligent Transportation Systems (ITSC). 2017: 1-8. DOI:10.1109/ITSC.2017.8317758.

[102] PANGWEI W, YUNPENG W, GUIZHEN Y, et al. An Improved Cooperative Adaptive Cruise Control (CACC) Algorithm Considering Invalid Communication[J/OL]. Chinese Journal of Mechanical Engineering, 2014, 27(3): 468-474. DOI:10.3901/CJME.2014.03.468.

[103] SEDGHI L, JOHN J, NOOR-A-RAHIM M, et al. Formation control of automated guided vehicles in the presence of packet loss[J/OL]. Sensors, 2022, 22(9): 3552. DOI: 10.3390/s22093552.

[104] PLOEG J, SEMSAR-KAZEROONI E, LIJSTER G, et al. Graceful degradation of CACC performance subject to unreliable wireless communication[M]. 2013 16th International IEEE Conference on Intelligent Transportation Systems - (itsc). New York: IEEE, 2013: 1210-1216.

[105] WU C, LIN Y, ESKANDARIAN A. Cooperative adaptive cruise control with adaptive Kalman filter subject to temporary communication loss[J/OL]. IEEE Access, 2019, 7: 93558-93568. DOI:10.1109/ACCESS.2019.2928004.

[106] SONG X, CHEN L, WANG K, et al. Robust time-delay feedback control of vehicular CACC systems with uncertain dynamics[J/OL]. Sensors, 2020, 20(6): 1775. DOI:10.3390/s20061775.

[107] COPPOLA A, LUI D G, PETRILLO A, et al. Cooperative driving of heterogeneous uncertain nonlinear connected and autonomous vehicles via distributed switching robust PID-like control[J/OL]. Information Sciences, 2023, 625: 277-298. DOI:10.1016/j.ins.2023.01.045.

[108] WANG J, XU X, LIU D, et al. Self-learning cruise control using kernel-based least squares policy iteration[J/OL]. IEEE Transactions on Control Systems Technology, 2014, 22(3): 1078-1087. DOI:10.1109/TCST.2013.2271276.

[109] LI B, WU J, WANG Y, et al. Connected cruise control based on adaptive dynamic programming considering inertial delay[C/OL]. 2019 3rd Conference on Vehicle Control and Intelligence (CVCI), 2019: 1-6. DOI:10.1109/CVCI47823.2019.8951672.

[110] AMOOZADEH M, RAGHURAMU A, CHUAH Ce, et al. Security vulnerabilities of connected vehicle streams and their impact on cooperative driving[J/OL]. IEEE Communications Magazine, 2015, 53(6): 126-132. DOI:10.1109/MCOM.2015.7120028.

[111] LIU Y, WANG W. A safety reinforced cooperative adaptive cruise control strategy accounting for dynamic vehicle-to-vehicle communication failure[J/OL]. Sensors, 2021, 21(18): 6158. DOI:10.3390/s21186158.

[112] ALSUHAIM A, RAYAMAJHI A, WESTALL J, et al. Adapting time headway in cooperative adaptive cruise control to network reliability[J/OL]. IEEE Transactions on Vehicular Technology, 2021, 70(12): 12691-12702. DOI:10.1109/ TVT.2021.3119620.

[113] SONG X, WANG K, HE D. Switching multi-objective receding horizon control for CACC of mixed vehicle strings[J/OL]. IEEE Access, 2020, 8: 79684-79694. DOI:10.1109/ACCESS.2020.2990426.

[114] GEIGER A, LAUER M, MOOSMANN F, et al. Team annieway's entry to the 2011 grand cooperative driving challenge[J/OL]. IEEE Transactions on Intelligent Transportation Systems, 2012, 13(3): 1008-1017. DOI:10.1109/TITS.2012.2189882.

[115] OUYANG Z, LI Z, CHEN S, et al. Distributed vehicle platoon control with leader selection strategy[C/OL]. 2021 40th Chinese Control Conference (CCC). 2021: 6010-6015. DOI:10.23919/CCC52363.2021.9550403.

[116] MIEKAUTSCH F, SEELAND F, HORN J, et al. Situation-aware communication topologies in heterogeneous platooning scenarios[J/OL]. Control Engineering Practice, 2023, 133: 105448. DOI:10.1016/j.conengprac.2023.105448.

[117] SAITO H, MATSUO M, NAKATA K, et al. Time-delay compensation for CACC systems considering inter-vehicle distance measurement[C/OL]. 2022 IEEE International Conference on Consumer Electronics. 2022: 579-580. DOI:10.1109/ ICCE-Taiwan55306.2022.9869013.

[118] BAI J, JIAO X, LIU H, et al. Cooperative adaptive cruise control with compensating for vehicle actuator delays based on internal model control[C/OL]. 2022 6th CAA International Conference on Vehicular Control and Intelligence (CVCI), 2022: 1-6. DOI:10.1109/CVCI56766.2022.9964612.

[119] XING H, PLOEG J, NIJMEIJER H. Robust CACC in the presence of uncertain delays[J]. IEEE Transactions on Vehicular Technology, 2022, 71(4): 3507-3518.

[120] CUI L, CHEN Z, WANG A, et al. Development of a robust cooperative adaptive cruise control with dynamic topology[J/OL]. IEEE Transactions on Intelligent Transportation Systems, 2021: 1-12. DOI:10.1109/TITS.2020.3043194.

[121] LIU R, REN Y, YU H, et al. Connected and automated vehicle platoon maintenance under communication failures[J/OL]. Vehicular Communications, 2022, 35: 100467. DOI:10.1016/j.vehcom.2022.100467.

[122] ZHANG Y, BAI Y, HU J, et al. Control design, stability analysis, and traffic flow implications for cooperative adaptive cruise control systems with compensation of communication delay[J/OL]. Transportation Research Record, 2020, 2674(8): 638-652. DOI:10.1177/0361198120918873.

[123] LIU J, WANG Z, ZHANG L. Integrated vehicle-following control for four-wheel-independent-drive electric vehicles against non-ideal V2X communication [J/OL]. IEEE Transactions on Vehicular Technology, 2022, 71(4): 3648-3659. DOI:10.1109/TVT.2022.3141732.

[124] ZHANG Z, ZHANG L, WANG C, et al. Integrated decision making and motion control for autonomous emergency avoidance based on driving primitives transition[J/OL]. IEEE Transactions on Vehicular Technology, 2022: 1-15. DOI:10. 1109/TVT.2022.3221807.

[125] PUEBOOBPAPHAN R, VAN AREM B. Driver and vehicle characteristics and platoon and traffic flow stability: understanding the relationship for design and assessment of cooperative adaptive cruise control[J/OL]. Transportation Research Board, 2010, 2189(1): 89-97. DOI:10.3141/2189-10.

[126] XING H, PLOEG J, NIJMEIJER H. Smith predictor compensating for vehicle actuator delays in cooperative ACC systems[J/OL]. IEEE Transactions on Vehicular Technology, 2019, 68(2): 1106-1115. DOI:10.1109/TVT.2018.2886467.

[127] LIGTHART J, SEMSAR-KAZEROONI E, PLOEG J, et al. Controller design for cooperative driving with guaranteed safe behavior[C/OL]. 2018 IEEE Conference on Control Technology and Applications (CCTA). 2018: 1460-1465. DOI:10.1109/ CCTA.2018.8511625.

[128] WANG M. Infrastructure assisted adaptive driving to stabilise heterogeneous vehicle strings[J/OL]. Transportation Research Part C: Emerging Technologies, 2018, 91: 276-295. DOI:10.1016/j.trc.2018.04.010.

[129] FERNANDES P, NUNES U. Platooning with IVC-enabled autonomous vehicles: strategies to mitigate communication delays, improve safety and traffic flow[J/OL]. IEEE Transactions on Intelligent Transportation Systems, 2012, 13(1): 91-106. DOI: 10.1109/TITS.2011.2179936.

[130] GE J I, OROSZ G. Dynamics of connected vehicle systems with delayed acceleration feedback[J/OL]. Transportation Research Part C: Emerging Technologies, 2014, 46: 46-64. DOI:10.1016/j.trc.2014.04.014.

[131] GAO F, LI S E, ZHENG Y, et al. Robust control of heterogeneous vehicular platoon with uncertain dynamics and communication delay[J]. IET Intelligent Transport Systems, 2016, 10(7): 503-513.

[132] HARFOUCH Y A, YUAN S, BALDI S. Adaptive control of interconnected networked systems with application to heterogeneous platooning[C/OL]. 2017 13th IEEE International Conference on Control & Automation (ICCA). 2017: 212-217. DOI:10.1109/ICCA.2017.8003062.

[133] DI BERNARDO M, SALVI A, SANTINI S. Distributed consensus strategy for platooning of vehicles in the presence of time-varying heterogeneous communication delays[J/OL]. IEEE Transactions on Intelligent Transportation Systems, 2015, 16(1): 102-112. DOI:10.1109/TITS.2014.2328439.

[134] RAJAMANI R. Vehicle Dynamics and control[M]. 2nd ed. New York: Springer, 2012.

[135] ZHOU Y, WANG M, AHN S. Distributed model predictive control approach for cooperative car-following with guaranteed local and string stability[J/OL]. Transportation Research Part B: Methodological, 2019, 128: 69-86. DOI:10.1016/j.trb.2019.07.001.

[136] PLOEG J, SCHEEPERS B T M, NUNEN E van, et al. Design and experimental evaluation of cooperative adaptive cruise control[C/OL]. 2011 14th International IEEE Conference on Intelligent Transportation Systems (ITSC). 2011: 260-265. DOI:10.1109/ITSC.2011.6082981.

[137] ALI A, GARCIA G, MARTINET P. Enhanced flatbed tow truck model for stable and safe platooning in the presences of lags, communication and sensing delays[C/OL]. 2015 IEEE International Conference on Robotics and Automation (ICRA). 2015: 1648-1653. DOI:10.1109/ICRA.2015.7139409.

[138] SOMMER C, JOERER S, SEGATA M, et al. How shadowing hurts vehicular communications and how dynamic beaconing can help[J]. IEEE Transactions on Mobile Computing, 2014, 14(7): 1411-1421.

[139] SOMMER C, ECKHOFF D, DRESSLER F. IVC in cities: signal attenuation by buildings and how parked cars can improve the situation[J]. IEEE Transactions on Mobile Computing, 2013, 13(8): 1733-1745.

[140] QIN W B, OROSZ G. Scalable stability analysis on large connected vehicle systems subject to stochastic communication delays[J]. Transportation Research Part C: Emerging Technologies, 2017, 83: 39-60.

[141] PLOEG J, SEMSAR-KAZEROONI E, LIJSTER G, et al. Graceful degradation of cooperative adaptive cruise control[J/OL]. IEEE Transactions on Intelligent Transportation Systems, 2015, 16(1): 488-497. DOI:10.1109/TITS.2014.2349498.

[142] RASHEED I, HU F, ZHANG L. Deep reinforcement learning approach for autonomous vehicle systems for maintaining security and safety using LSTM-GAN[J]. Vehicular Communications, 2020, 26: 100266.

[143] MIGLANI A, KUMAR N. Deep learning models for traffic flow prediction in autonomous vehicles: a review, solutions, and challenges[J]. Vehicular Communications, 2019, 20: 100184.

[144] HOCHREITER S, SCHMIDHUBER J. Long short-term memory[J]. Neural Computation, 1997, 9(8): 1735-1780.

[145] WEISS G, GOLDBERG Y, YAHAV E. On the practical computational power of finite precision RNNs for language recognition[J]. arXiv preprint arXiv:1805.04908, 2018.

[146] IOANNOU P A, CHIEN C C. Autonomous intelligent cruise control[J]. IEEE Transactions on Vehicular Technology, 1993, 42(4): 657-672.

[147] DE OLIVEIRA SOUZA F, TORRES L A B, MOZELLI L A, et al. Stability and formation error of homogeneous vehicular platoons with communication time delays[J]. IEEE Transactions on Intelligent Transportation Systems, 2019, 21(10): 4338-4349.

[148] ZENG T, SEMIARI O, SAAD W, et al. Joint communication and control for wireless autonomous vehicular platoon systems[J]. IEEE Transactions on Communications, 2019, 67(11): 7907-7922.

[149] DUNBAR W B, CAVENEY D S. Distributed receding horizon control of vehicle platoons: stability and String Stability[J/OL]. IEEE Transactions on Automatic Control, 2012, 57(3): 620-633. DOI:10.1109/TAC.2011.2159651.

[150] KIANFAR R, AUGUSTO B, EBADIGHAJARI A, et al. Design and experimental validation of a cooperative driving system in the grand cooperative driving challenge[J]. IEEE Transactions on Intelligent Transportation Systems, 2012, 13(3): 994-1007.

[151] MOLNÁR T G, QIN W B, INSPERGER T, et al. Application of predictor feedback to compensate time delays in connected cruise control[J]. IEEE Transactions on Intelligent Transportation Systems, 2017, 19(2): 545-559.

[152] STÜDLI S, SERON M M, MIDDLETON R H. From vehicular platoons to general networked systems: string stability and related concepts[J]. Annual Reviews in Control, 2017, 44: 157-172.

[153] CAMACHO E F, ALBA C B. Model predictive control[M]. New York: Springer Science & Business Media, 2013.

[154] ZHANG Y, BAI Y, WANG M, et al. Cooperative adaptive cruise control with robustness against communication delay: an approach in the space domain[J/OL]. IEEE Transactions on Intelligent Transportation Systems, 2020: 1-12. DOI:10.1109/TITS.2020.2987746.

[155] WU J D, LIU J C. Development of a predictive system for car fuel consumption using an artificial neural network[J]. Expert Systems with Applications, 2011, 38(5): 4967-4971.

[156] WU J D, LIU J C. A forecasting system for car fuel consumption using a radial basis function neural network[J]. Expert Systems with Applications, 2012, 39(2): 1883-1888.

[157] BRITZ D, GOLDIE A, LUONG M T, et al. Massive exploration of neural machine translation architectures[J]. arXiv preprint arXiv:1703.03906, 2017.

[158] ZHAO X, WANG Z, XU Z, et al. Field experiments on longitudinal characteristics of human driver behavior following an autonomous vehicle[J]. Transportation Research Part C: Emerging Technologies, 2020, 114: 205-224.

[159] RAJAMANI R, TAN H S, LAW B K, et al. Demonstration of integrated longitudinal and lateral control for the operation of automated vehicles in platoons[J/OL]. IEEE Transactions on Control Systems Technology, 2000, 8(4): 695-708. DOI:10.1109/87.852914.

[160] BONNET C, FRITZ H. Fuel consumption reduction in a platoon: Experimental results with two electronically coupled trucks at close spacing[R]. SAE Technical Paper, 2000.

[161] FRITZ H, GERN A, SCHIEMENZ H, et al. CHAUFFEUR Assistant: a driver assistance system for commercial vehicles based on fusion of advanced ACC and lane keeping[C]. IEEE Intelligent Vehicles Symposium, 2004. IEEE, 2004: 495-500.

[162] The SARTRE project[EB/OL]. [2016-04-29]. http://www.sartre-project.eu/en/Sidor/default.aspx.

[163] SCANIA GROUP. Scania Platooning: COMPANION Project[EB/OL]. Scania Group. [2020-03-04]. https://www.scania.com/group/en/scania-platooning-companion-project/.

[164] VANDERWERF J, SHLADOVER S, KOURJANSKAIA N, et al. Modeling Effects of Driver Control Assistance Systems on Traffic[J/OL]. Transportation Research Record: Journal of the Transportation Research Board, 2001, 1748: 167-174. DOI:10.3141/1748-21.

[165] DARBHA S, KONDURI S, PAGILLA P R. Benefits of V2V communication for autonomous and connected vehicles[J]. IEEE Transactions on Intelligent Transportation Systems, 2018, 20(5): 1954-1963.

[166] RAJAMANI R, ZHU C. Semi-autonomous adaptive cruise control systems[J/OL]. IEEE Transactions on Vehicular Technology, 2002, 51(5): 1186-1192. DOI:10.1109/TVT.2002.800617.

[167] ZHENG Y, LI S E, LI K, et al. Distributed Model Predictive Control for Heterogeneous Vehicle Platoons Under Unidirectional Topologies[J/OL]. IEEE Transactions on Control Systems Technology, 2017, 25(3): 899-910. DOI:10.1109/TCST.2016.2594588.

[168] LIU X, GOLDSMITH A, MAHAL S S, et al. Effects of communication delay on string stability in vehicle platoons[C/OL]. ITSC 2001. 2001 IEEE Intelligent Transportation Systems. Proceedings (Cat. No.01TH8585). 2001: 625-630. DOI:10.1109/ITSC.2001.948732.

[169] XU Z, JIANG Z, WANG G, et al. When the automated driving system fails: Dynamics of public responses to automated vehicles[J]. Transportation Research Part C: Emerging Technologies, 2021, 129: 103271.

[170] QIN W B, OROSZ G. Experimental Validation of String Stability for Connected Vehicles Subject to Information Delay[J/OL]. IEEE Transactions on Control Systems Technology, 2020, 28(4): 1203-1217. DOI:10.1109/TCST.2019.2900609.

[171] WANG M, DAAMEN W, HOOGENDOORN S P, et al. Rolling horizon control framework for driver assistance systems. Part I: Mathematical formulation and non-cooperative systems[J/OL]. Transportation Research Part C: Emerging Technologies, 2014, 40: 271-289. DOI:10.1016/j.trc.2013.11.023.

[172] WANG M, DAAMEN W, HOOGENDOORN S P, et al. Rolling horizon control framework for driver assistance systems. Part II: Cooperative sensing and cooperative control[J]. Transportation Research Part C: Emerging Technologies, 2014, 40: 290-311.

[173] WANG M, HOOGENDOORN S P, DAAMEN W, et al. Delay-compensating strategy to enhance string stability of adaptive cruise controlled vehicles[J/OL]. Transportmetrica B: Transport Dynamics, 2018, 6(3): 211-229. DOI:10.1080/21680566.2016.1266973.

[174] MAXIM A, CARUNTU C F, LAZAR C. Distributed model predictive control algorithm for vehicle platooning[C/OL]. 2016 20th International Conference on System Theory, Control and Computing (ICSTCC). 2016: 657-662. DOI:10.1109/ICSTCC.2016.7790741.

[175] NAUS G, VAN DEN BLEEK R, PLOEG J, et al. Explicit MPC design and performance evaluation of an ACC Stop-&-Go[C]. 2008 American Control Conference. IEEE, 2008: 224-229.

[176] ZHOU Y, AHN S. Robust local and string stability for a decentralized car following control strategy for connected automated vehicles[J/OL]. Transportation Research Part B: Methodological, 2019, 125: 175-196. DOI:10.1016/j.trb.2019.05.003.

[177] KIM N, CHA S, PENG H. Optimal control of hybrid electric vehicles based on Pontryagin's minimum principle[J]. IEEE Transactions on Control Systems Technology, 2010, 19(5): 1279-1287.

[178] HOOGENDOORN S, HOOGENDOORN R, WANG M, et al. Modeling driver, driver support, and cooperative systems with dynamic optimal control[J]. Transportation Research Board, 2012, 2316(1): 20-30.

[179] GAO Y, LI J, XU Z, et al. A novel image-based convolutional neural network approach for traffic congestion estimation[J]. Expert Systems with Applications, 2021, 180: 115037.

[180] LI J, XU Z, FU L, et al. Domain adaptation from daytime to nighttime: a situation-sensitive vehicle detection and traffic flow parameter estimation framework[J]. Transportation Research Part C: Emerging Technologies, 2021, 124: 102946.

[181] Cooperative Adaptive Cruise Control for a Platoon of Connected and Autonomous Vehicles considering Dynamic Information Flow Topology-Siyuan Gong, Anye Zhou, Srinivas Peeta, 2019[EB/OL]. [2023-05-30]. https://journals.sagepub.com/doi/abs/10.1177/0361198119847473?journalCode=trra.

[182] LAMBORA A, GUPTA K, CHOPRA K. Genetic Algorithm- A Literature Review[C/OL]. 2019 International Conference on Machine Learning, Big Data, Cloud

and Parallel Computing (COMITCon), 2019: 380-384. DOI:10.1109/COMITCon. 2019.8862255.

[183] An efficient optimization approach for designing machine learning models based on genetic algorithm. SpringerLink[EB/OL]. [2023-05-30]. https://link.springer.com/ article/10.1007/s00521-020-05035-x.

[184] Genetic Algorithms. SpringerLink[EB/OL]. [2023-05-30]. https://link.springer.com/ chapter/10.1007/978-3-540-73190-0_2.

[185] 恽为民, 席裕庚. 遗传算法的全局收敛性和计算效率分析 [J]. 控制理论与应用, 1996, 13(4): 455-460.

[186] A review on genetic algorithm: past, present, and future. SpringerLink[EB/OL]. [2023-05-30]. https://link.springer. com/article/10.1007/s11042-020-10139-6.

[187] MALLOCI I, HETEL L, DAAFOUZ J, et al. Bumpless transfer for switchedlinear systems[J]. Automatica, 2012, 48(7): 1440-1446.

《交通与数据科学丛书》书目